Geländegewinn im Südosten der UdSSR

Frontverlauf bis November 1942

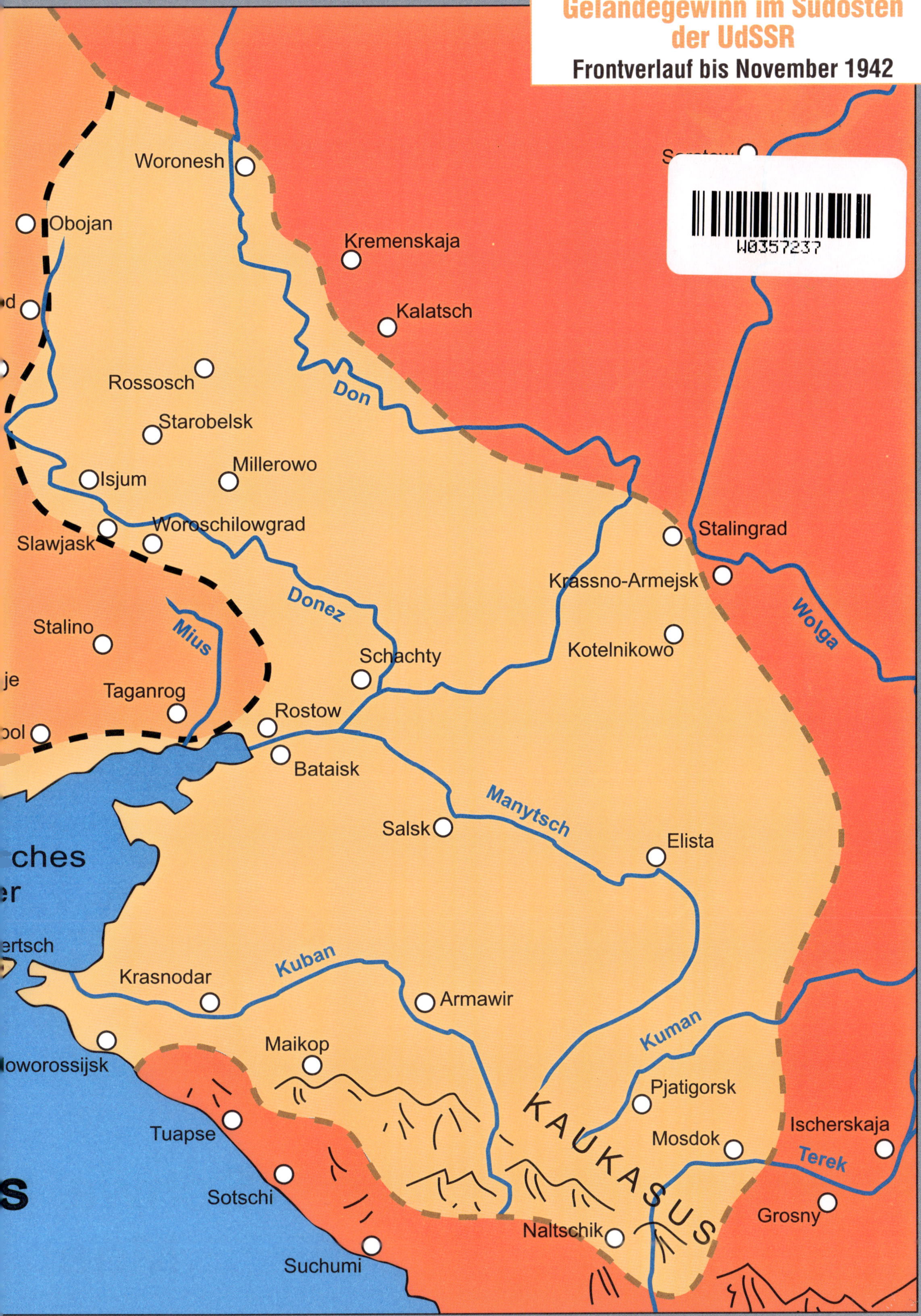

Reinhard Oltmann

In die Tiefen Rußlands

Durchbruch zu Wolga und Kaukasus
Der Rußlandkrieg 1942 in Farbe

Pour le Mérite

Titelseitengestaltung: Jirka Buder, Bildmontage unter Verwendung zweier authentischer Farbfotos des Rußlandfeldzuges aus *Signal* (Hintergrund) und vom Bildarchiv BPK (zwei Soldaten). Generalmajor Walter Hoernlein (r.), Kommandeur der Infanterie-Division „Großdeutschland", beim Kartenstudium mit einem Offizier im Juli 1942, fotografiert von PK-Berichterstatter Hanns Hubmann.

Alle Bilder, deren Herkunft nicht ausdrücklich angegeben ist,
entstammen der Zeitschrift *Signal* oder dem Archiv des Verlages.

Bibliographische Information der Deutschen Bibliothek
Die Deutsche Bibliothek verzeichnet diese Publikation in der Deutschen Nationalbibliographie;
detaillierte bibliographische Daten sind im Internet über http://dnb.ddb.de abrufbar.

ISBN 3-932381-17-3
ISBN des dreibändigen Gesamtwerkes 3-932381-19-X

Pour le Mérite – Verlag für Militärgeschichte
Postfach 52, D-24236 Selent

Gedruckt in Österreich

Einführung

Bilanz der ersten Kriegsmonate 1941

Zwischen Juni und November 1941 hatte die deutsche Wehrmacht starke Einheiten der Roten Armee, die zur Offensive gegen das Deutsche Reich bereitgestellt waren, im grenznahen Bereich geschlagen und weit nach Osten zurückgeworfen. Der Feind hatte aber nicht nur mit 1,75 Millionen Gefallenen und 3,3 Millionen Gefangenen im ersten Kriegshalbjahr und der Einkesselung und Vernichtung zahlreicher Armeen hohe Verluste an Menschen und Material zu verzeichnen; mit der Eroberung großer Teile des europäischen Rußlands zwischen dem Finnischen Meerbusen und dem Asowschen Meer hatte Stalin auch 35 von 170 Millionen Menschen und damit eine große Rekrutierungsbasis, darüber hinaus wichtige Rohstoffvorkommen, landwirtschaftliche Überschußgebiete und vor allem gewaltige Rüstungsbetriebe verloren, die langfristig zur Vorbereitung und Unterstützung einer gegen Europa gerichteten Offensive im Westen der UdSSR angelegt worden waren. Nikolai Wosnessenskij, seinerzeit Vorsitzender der Staatlichen Planungskommission und Mitglied des Politbüros des Zentralkomitees der Kommunistischen Partei der UdSSR, hat in einem 1947 in Ost-Berlin erschienenen Buch *Die Kriegswirtschaft der Sowjetunion während des Vaterländischen Krieges* den Umfang der sowjetischen Rüstung wie auch deren Ausfälle nach Kriegsbeginn bestätigt: „Die ganze Tragweite dieser Verluste, die die Sowjetunion gegen Ende des Jahres 1941 erlitten hatte, läßt sich in bezug auf die Kriegsproduktion allein schon daran ermessen, daß in der Zeit von August bis November 1941 infolge der Okkupation und der Evakuierung der Industrie aus den frontnahen Gebieten 303 Munitionswerke außer Betrieb waren. Der Monatsausstoß der genannten Betriebe betrug 8,4 Mill. Geschoßkörper, 2,7 Mill. Minen, 2 Mill. Fliegerbomben, 7,9 Mill. Sprengkörper, 5,4 Mill. Zünder, 5,1 Mill. Granathülsen, 2,5 Mill. Handgranaten, 7.800 t Schießpulver, 3.000 t Trotyl und 16.100 t Ammonsalpeter.“[1]

Auch die zunehmenden Liefermengen von Waffen, Erdöl, Kriegsmaterial und

Zu Beginn des Rußlandfeldzuges hat die Rote Armee hohe Verluste durch Desertion und mangelnde Kampfbereitschaft. Stalin setzt deshalb eine großangelegte Propagandamaschinerie in Bewegung, um einen „Sowjetpatriotismus" zu schaffen: Ein sowjetischer Kameramann filmt gefallene deutsche Soldaten an der Wolchowfront im Januar 1942 für einen Propagandafilm.

Lebensmitteln aus den Vereinigten Staaten von Amerika und Großbritannien konnten solche Ausfälle 1941 und 1942 noch nicht ersetzen. Nicht geringe Schwierigkeiten bereitete Stalin auch die nachlassende Kampfmoral in der Roten Armee, die er mit Erschießungen und Drohungen zu überwinden suchte. Schon kurz nach Kriegsbeginn zeigte sich die Bereitschaft zahlreicher seiner Soldaten, die Waffen wegzuwerfen und zu den deutschen Truppen überzulaufen. Stalin sagte darauf den „Deserteuren, Panikmachern, Verbreitern von Gerüchten, Spionen und Diversanten" einen schonungslosen Kampf an und ordnete schwerste Strafen wegen „Feigheit, Nichtausübung der Dienstaufsicht, Unfähigkeit, Desorganisation, Überlassen von Waffen an den Feind und eigenmächtigen Verlassens der Stellung" an. Die Rote Armee wurde mit einem dichten Netz von Überwachungsorganen und Spitzeln überzogen, die gegen „wankelmütige, kleinmütige, feige Elemente, Eidbrüchige und Landesverräter" in der Truppe und deren Führung vorzugehen und bei „Beseitigung von Rangabzeichen, Wegwerfen von Parteibüchern und Flucht in Zivilkleidern" einzuschreiten hatten. Deshalb sorgten für „glühenden Sowjetpatriotismus" und „Massenheroismus" vorzugsweise politische Kommissare, „Besondere Abteilungen" des sowjetischen Innenministeriums, Militärstaatsanwälte, Kriegsgerichte und nicht zuletzt „Absperrabteilungen" an der Front, die zurückweichende Soldaten erschießen sollten. Hingerichtet wurden auch zahlreiche Generale, deren Verbände ihre Stellungen nicht halten konnten. Den Familien von Rotarmisten, die in deutsche Gefangenschaft geraten waren, wurde „die ganze Strenge des Gesetzes bis zum Tod durch Erschießen" angedroht. Trotzdem belegten die hohen Gefangenenzahlen des Jahres 1941 immer noch eindrucksvoll auch die mangelnde Zuverlässigkeit von Stalins Truppen.

Aber auch das deutsche Ostheer hatte hohe Verluste an Menschen und Material zu verzeichnen. Die Truppe war für einen Winterkrieg im Osten nicht ausgerüstet, erklärbar vor allem mit mangelhafter Vorsorge verantwortlicher Heeresdienststellen sowie durch Transportschwierigkeiten angesichts von Schlamm und arktischer Kälte, des Zustandes von Straßen und Schienen in der Sowjetunion. Waffen, Munition, Verpflegung und Winterbekleidung konnten daher nicht in ausreichendem Maße an die Front gebracht werden. Erfrierungen und Krankheiten dezimierten das Ostheer fortgesetzt, auch kältebedingte Ausfälle von Fahrzeugen und Waffen hatten seine Kampfkraft stark vermindert, als Anfang Dezember 1941 die Rote Armee an zahlreichen Frontabschnitten eine großangelegte Gegenoffensive begann. Dafür standen unverbrauchte und für einen Winterkrieg hervorragend ausgerüstete Truppen zur Verfügung, die aus Sowjetisch-Asien nach Westen verlegt werden konnten, weil Stalin seit Oktober 1941 nicht mehr mit einem japanischen Angriff auf sein fernöstliches Gebiet zu rechnen brauchte. Dadurch veränderte sich das Kräfteverhältnis im europäischen Rußland entscheidend zugunsten der Roten Armee.

Davon abgesehen war die kommunistisch beherrschte Bevölkerung auch noch zahlreich genug, um Stalin 1942 die Neuaufstellung von 80 bis 90 Divisionen zu ermöglichen. Die jenseits des Ural aufgebaute und dahin aus Europa verlagerte Rüstungsindustrie erlaubte der Sowjetunion 1942 die Produktion von etwa 24.500 Kampfpanzern und 33.000 Artillerie- und Panzerabwehrgeschützen. Zudem nahmen die Lieferungen aus den Vereinigten Staaten ständig zu, die ein kriegsentscheidendes Ausmaß erreichten und letzten Endes der Roten Armee die Kampffähigkeit gewährleisteten. Bis zum 30. September 1945 erhielt Stalin 14.795 Flugzeuge, 7.056 Panzer, 51.503 Jeeps, 375.883 Lastwagen, 35.170 Motorräder, 8.071 Traktoren, 8.218 Panzerabwehrkanonen, 131.633 Maschinengewehre und 345.735 Tonnen Sprengstoff neben vielen anderen kriegswichtigen Gütern, wobei 4.478.000 Tonnen Nahrungsmittel ausschlaggebend für die Versorgung der Roten Armee wurden.[2]

Trotz ihrer Niederlagen im Jahr 1941 blieb die Rote Armee also für die Wehrmacht ein gefährlicher und immer stärker werdender Gegner.

Die sowjetische Winteroffensive 1941/42

Die deutsche Heeresgruppe Nord hatte im Sommer 1941 Leningrad umfaßt und die Stadt von ihren Landverbindungen in das sowjetisch beherrschte Gebiet abgeschnitten. Bei einem Vorstoß südlich des Ladogasees in östlicher Richtung hatte die 16. Armee die Stadt Tichwin erreicht, als eine Anfang Dezember 1941 einsetzende Gegenoffensive der Roten Armee sie wieder zurückwarf. Der Feind konnte den Wolchow in der Nähe seiner Einmündung in den Ladogasee überschreiten und die deutsche Front bis nach Schlüsselburg zurückwerfen, aber keinen Durchbruch bis nach Leningrad erzielen. Die Stadt bekam somit zwar die angestrebte feste Verbindung zum sowjetisch besetzten Territorium nicht, konnte aber im Sommer über das Wasser, im Winter über das Eis des Ladogasees versorgt werden. Zusätzlich hatte der Rückschlag bei Tichwin verhindert, daß es zu einer Vereinigung der deutschen Heeresgruppe Nord mit den zu beiden Seiten des Ladogasees angreifenden finnischen Truppen gekommen war.

Am 8. Januar 1942 begann eine sowjetische Großoffensive im Nordabschnitt der Ostfront. Nördlich des Ilmensees überschritt die sowjetische 2. Stoßarmee den Wolchow und stieß in westlicher Richtung auf Jamburg an der Narwa vor, um alle im Raum Leningrad stehenden deutschen Truppen einzuschließen. Die Heeresgruppe Nord konnte diesen Angriff stoppen, aber die durchgebrochenen sowjetischen Truppen im Winter noch nicht vernichten. Sie hielten einen Kessel von etwa 50 Kilometern Durchmesser, der durch einen schmalen Schlauch mit den ostwärts des Wolchow stehenden Verbänden der Roten Armee verbunden blieb.

Die umfassendste Offensive der Roten Armee richtete sich gegen die zum An-

Die im besetzten Hinterland operierenden Partisanen wurden von Stalin zu ihren völkerrechtswidrigen Maßnahmen aufgerufen. Selbst Kinder nahmen an Partisanenverbrechen teil. Der Junge trägt eine erbeutete deutsche Maschinenpistole 38/40, eine Handgranate und ein Wehrmachtskoppel.

griff auf Moskau angesetzte Heeresgruppe Mitte. Sie hatte den vor ihr stehenden sowjetischen Verbänden im Sommer und Herbst 1941 in den Kesselschlachten von Bialystok und Minsk, Smolensk, Kiew und zuletzt bei Wjasma und Brjansk schwerste Verluste zugefügt und sich Mitte Oktober 1941 der sowjetischen Hauptstadt schon so weit genähert, daß dort eine Evakuierung der Bevölkerung begann und die kommunistische Regierung ihren Sitz nach Kuybischew an der Wolga verlegte. Als die Angriffsspitze der Heeresgruppe Mitte nur noch etwa zwei Tagesmärsche von Moskau entfernt war, behinderten jedoch starke Schneefälle und Regen den weiteren Vormarsch stark und brachten ihn schließlich völlig zum Stillstand. Die Rote Armee gewann dadurch Zeit, ihr Stellungssystem zu vervollständigen und neu herangeführte Verbände um Moskau zu konzentrieren. Ein am 17. November 1941 begonnener Angriff führte die Heeresgruppe Mitte zwar noch weiter an die sowjetische Hauptstadt heran, aber kurz danach einsetzende Schneefälle und starker Frost ermöglichten nur noch ein langsames Vormarschtempo. Schnee wie Nebel schränkten auch den Einsatz der Luftwaffe erheblich ein. Gegen starken Feindwiderstand mußte der Angriff auf Moskau am 6. Dezember 1941 von der ausgebluteten Truppe abgebrochen werden, deren Spitzen sich der sowjetischen Hauptstadt bis auf wenige Kilometer genähert hatten. Der Regierungssitz, zugleich Rüstungszentrum und wichtiger Verkehrsknotenpunkt, blieb in der Hand des Feindes.

Unmittelbar nach der Einstellung des deutschen Angriffs begann die Offensive der Roten Armee. Den mit Übermacht angreifenden sowjetischen Verbänden gelang es, aus ihren Bereitstellungsräumen nordwestlich von Moskau die Linien der 3. und 4. Panzerarmee zu durchbrechen und zur Einschließung der abgekämpften deutschen Divisionen anzusetzen. Unter starkem Feinddruck mußten sich die Truppen bis zum 20. Dezember 1941 auf die Flüsse Lama und Rusa westlich von Moskau zurückziehen, dabei viel bewegungsunfähiges Material zurücklassen. Die südlich von Moskau operierende 2. Panzerarmee konnte sich einer drohenden Umfassung zwar durch Rückzug auf den oberen Don entziehen, mußte jedoch weiter nach Südwesten ausweichen, als der Feind auch die Front der benachbarten 2. Armee zu durchstoßen drohte. Aber zwischen der 2. Panzerarmee und der nördlich von ihr stehenden 4. Armee gelang den feindlichen Truppen ein tiefer Einbruch nach Westen, der sie über die Bahnlinie Wjasma-Brjansk bis in die Gegend östlich von Smolensk und damit in den Rücken der 4. Armee führte, die unter diesem Druck langsam aus ihren Stellungen westlich von Moskau zurückwich. Und eine Einschließung der 4. Armee auch von Norden her schien sich anzubahnen, als die

Rote Armee Anfang Januar 1942 aus dem Raum Kalinin nordwestlich von Moskau eine weitere Offensive in südlicher Richtung begann.

Gleichzeitig führte ein Angriff die sowjetischen Truppen von der oberen Wolga, aus dem Raum zwischen Ostaschkow und Kalinin, in westlicher Richtung bis nach Cholm und Welikije Luki an der Lowat, in nordwestlicher Richtung gelang ihnen bei Demjansk an den Waldai-Höhen die Einschließung des deutschen II. Armeekorps mit sechs Divisionen in Stärke von zusammen 100.000 Soldaten. Ihr Vorstoß in südlicher Richtung brachte die Rote Armee in den Rücken der deutschen 9. Armee, und somit konnte sie deren Stellungen bei Rshew und Sytschewka vom Westen her angreifen. Durch diesen Vorstoß entstand ein Frontvorsprung von 200 Kilometern Länge und 50 bis 100 Kilometern Tiefe, in dem sich die 9. Armee und die 4. Panzerarmee gleichzeitig nach Westen, Norden und Osten verteidigen mußten. Es bestand damit nicht nur die Gefahr, daß die für den Nachschub wichtige Eisenbahnlinie von Smolensk nach Wjasma in die Hand der Sowjets fiel, sondern daß die ganze Heeresgruppe Mitte vom Feind umfaßt wurde.

Bedrohlich war ferner eine um sich greifende Partisanenbewegung im Raum von Brjansk, die im Rücken der Heeresgruppe Mitte bald ein Gebiet von 170 Kilometern Breite und bis zu 70 Kilometern Tiefe beherrschte und eine ernste Gefahr für die deutschen Verbindungslinien darstellte. Partisanengruppen waren in der Sowjetunion bereits in Friedenszeiten aufgestellt und ausgebildet worden. Nach Beginn des Ostfeldzugs wurden sie hinter den vorrückenden deutschen Verbänden mobilisiert und durch Angehörige der Kommunistischen Partei ergänzt. Im Raum Brjansk stießen zu ihnen in großer Zahl versprengte Rotarmisten, die sich dort nach der Kesselschlacht im Oktober 1941 verborgen hatten.

Stalin maß den Partisanen eine große Bedeutung bei. Bereits in einer Rundfunkrede vom 3. Juli 1941 hatte er gesagt: „In den vom Feind okkupierten Gebieten müssen Partisanenabteilungen zu Pferd und zu Fuß gebildet und Diversionsgruppen geschaffen werden zum Kampf gegen die Truppenteile der feindlichen Armee, zur Entfachung des Partisanenkrieges überall und allerorts, zur Sprengung von Brücken und Straßen, zur Zerstörung der Telephon- und Telegraphenverbindungen, zur Niederbrennung der Wälder, der Versorgungslager und der Trains. In den okkupierten Gebieten müssen für den Feind und alle seine Helfershelfer unerträgliche Bedingungen geschaffen werden, sie müssen auf Schritt und Tritt verfolgt und vernichtet und alle ihre Maßnahmen müssen vereitelt werden.“[3] Und in seinem Befehl vom 1. Mai 1942 hieß es: „Die Partisanen und Partisaninnen müssen den Partisanenkrieg im Hinterland der deutschen Eindringlinge verstärken, die Verbindungs- und Transportmittel des Feindes zerstören, die Stäbe und die technische Ausrüstung des Feindes vernichten und dürfen gegen die Unterdrücker unserer Heimat keine Patrone sparen!“[4] Bereits in der Winterschlacht 1941/42 wurden die Operationen der Heeresgruppe Mitte durch Sprengstoffanschläge auf Eisenbahnlinien und die Vernichtung von Bahntransporten erheblich behindert. In den kommenden Jahren haben sowjetische Partisanen dann im ganzen Hinterland der Front das Transportwesen schwer beeinträchtigt und zahlreiche deutsche Einheiten in einem verlustreichen Kampf gebunden.

Die sowjetische Winteroffensive richtete sich gegen die Heeresgruppe Süd nur in geringerem Umfang. Nach der Kesselschlacht ostwärts Kiew im September 1941 hatte sie den größten Teil der Halbinsel Krim besetzt, von der aus sowjetische Flugzeuge nun nicht mehr die für die deutsche Kriegführung wichtigen

Feodosia auf der Krim war seit dem 3. November 1941 in deutscher Hand. Aber bereits am 28. Dezember stoßen überraschend sowjetische Panzerverbände auf der Krim-Halbinsel vor. Der deutsche Kommandierende General räumt daraufhin die Halbinsel Kertsch im Osten der Krim, und das vorgelagerte Feodosia gerät unter sowjetische Kontrolle. Am 18. Januar 1942 kann Feodosia von den deutschen Streitkräften erneut genommen werden.

rumänischen Erdölfelder bombardieren konnten, in der „Schlacht am Asowschen Meer“ Anfang Oktober hatte sie über 100.000 Gefangene gemacht, danach Charkow, Bjelgorod und Kursk sowie das Donezbecken um Stalino besetzt, bis auch hier die Schlammperiode ihre Vorwärtsbewegungen stark behinderte. Als die deutschen Verbände nach Einsetzen von Frost ihre Angriffe wieder aufnahmen, hatte die Rote Armee aus dem Kaukasus neue Kräfte herangeführt und griff am Unterlauf des Don an. So mußte Rostow nach wenigen Tagen wieder aufgegeben und die Front bis auf den Mius zurückgenommen werden, wo der sowjetische Angriff zum Stehen gebracht werden konnte. Im Januar 1942 gelang den feindlichen Truppen beiderseits Isjum am Donez ein Durchbruch nach Westen, mit dem sie fast den Dnjepr erreichten. Der Gegner wurde zwar wieder zurückgeworfen, behauptete aber südlich von Charkow einen etwa 100 Kilometer tiefen und 80 Kilometer breiten Frontvorsprung.

Bei Ausbruch des Ostfeldzuges hatten zur sowjetischen Schwarzmeerflotte ein Schlachtschiff, sechs Kreuzer, drei Großzerstörer, 14 Zerstörer und 47 Unterseeboote neben kleineren Schiffseinheiten und 625 Flugzeugen gehört. Im Sommer und Herbst 1941 waren sie größtenteils in Häfen an der Ostküste des Schwarzen Meeres verlegt worden und brachten von dort aus Nachschub in die von Land her eingeschlossene Festung Sewastopol. Am 28. Dezember 1941 landete die Schwarzmeerflotte Infanterie und Panzertruppen auf der Krim an mit dem Ziel, Sewastopol zu entsetzen. Die Truppen der Roten Armee eroberten die Halbinsel Kertsch, konnten aber an der Landenge von Feodosia aufgefangen werden. Der geplante Vorstoß nach Sewastopol war damit verhindert.

Bei der Räumung der Halbinsel Kertsch durch die deutsche 46. Infanteriedivision blieben etwa 160 Schwerverwundete in den Lazaretten von Feodosia zurück. Nach der Wiedereroberung der Stadt am 18. Januar 1942 wurden die Leichen von 105 dieser Schwerverletzten aufgefunden. Sie waren von sowjetischen Soldaten größtenteils erschlagen oder mit Hieb- und Stichwaffen ermordet worden. Einige Verwundete hatte man lebendig mit Wasser übergossen und am Ufer in die Brandung gelegt, so daß die Leichen von einer dicken Eisschicht bedeckt waren.[5]

Deutsche Abwehrmaßnahmen

Nach Beginn der sowjetischen Winteroffensive trat der Oberbefehlshaber des deutschen Heeres für eine Rückführung der Truppen auf eine verkürzte Frontlinie ein. Adolf Hitler lehnte einen freiwilligen Rückzug ab und übernahm wegen dieser Meinungsverschiedenheiten mit Generalfeldmarschall Walther von Brauchitsch am 19. Dezember 1941 auch den Oberbefehl über das Heer. Sein Befehl vom 16. Dezember 1941, die erreichten Stellungen auch in schwierigster Lage zu halten, bis ausreichende Verstärkungen herangeführt sein würden, verhinderte den Zusammenbruch der Ostfront und hatte eine vielfach verzahnte Front zur Folge, die die Operationen der Roten Armee stark erschwerte und verlangsamte. Erst nach dem Erlahmen der russischen Offensive am 15. Januar 1942 genehmigte Hitler für drei Armeen der Heeresgruppe Mitte den Rückzug auf eine verkürzte „Winterstellung", wodurch eine Frontlänge von 150 Kilometern eingespart würde.

Im Laufe des Januar und Februar 1942 gelang es dem Ostheer, die Fronten zu stabilisieren. Die Sowjets konnten ihren Kessel südöstlich von Leningrad nicht ausdehnen. Die eingeschlossenen deutschen Truppen um Demjansk und in Cholm wurden aus der Luft versorgt und hielten ihre Stellungen. Entlang des Flusses Lowat nördlich und südlich von Welikije Luki konnte ein sowjetischer Durchbruch ins Baltikum verhindert werden.

Im Raum Moskau bildeten die 4. Panzerarmee, die 4. Armee und die 2. Panzerarmee zwischen Gshatsk, Juchnow und Suchinitschi Ende Januar 1942 wieder eine zusammenhängende Front, die 2. Panzerarmee und die südlich von ihr kämpfende 2. Armee brachten den sowjetischen Vormarsch ostwärts der Linie Kursk-Orel zum Stehen. Ende Februar 1942 war auch in diesem Frontabschnitt die Angriffskraft der sowjetischen Truppen gebrochen, und vier Wochen später kam die feindliche Winteroffensive vollkommen zum Stillstand. Allerdings hatte die Rote Armee stellenweise Geländegewinne bis zu 200 Kilometern Tiefe erzielt.

Bilanz nach Abschluß der sowjetischen Gegenoffensive

Vom Beginn des Ostfeldzugs bis zum Ende der Winterkämpfe 1941/42 hatte die Wehrmacht der Roten Armee hohe Verluste an Menschen und Material zugefügt, seit dem 22. Juni 1941 mehr als vier Millionen Gefangene vor allem unter den in Friedenszeiten ausgebildeten Soldaten gemacht, unübersehbare Mengen an Kriegsmaterial vernichtet oder erbeutet sowie große und industriell wie landwirtschaftlich wichtige Gebiete des europäischen Rußlands erobert. Zeitweilig standen Stalins Truppen am Rand des Zusammenbruchs. Wegen der trotzdem noch bestehenden Übermacht war das Ziel, Sowjetrußland in einem schnellen Feldzug niederzuwerfen, aber nicht erreicht worden. Die Verluste des deutschen Ostheeres erlaubten es dem Feind, die abgekämpften deutschen Verbände zum Stehen zu bringen und stellenweise zurückzuwerfen, vor allem die Eroberung Leningrads und Moskaus zu verhindern. Die Schlammperiode, der verfrühte Wintereinbruch und zunehmende Nachschubprobleme auf deutscher Seite kamen den neu an der Front eingesetzten sowjetischen Verbänden dabei zur Hilfe. Die Wehrmacht verlor deshalb die strategische Offensive im Ostfeldzug, die Sowjetunion konnte sich von ihren Niederlagen des Jahres 1941 erholen, neue Truppen aufstellen und ihre Rüstungsindustrie jenseits des Ural weiter ausbauen. Zudem hatten die deutschen Rückschläge im Winterfeldzug auch den Widerstandswillen der Roten Armee gestärkt.

Die Masse des Heeres und der Luftwaffe blieb somit im Osten gebunden und stand daher für den Kampf gegen Großbritannien, aber auch für den Einsatz in Nordafrika nicht zur Verfügung.

Die Verluste des deutschen Ostheeres waren schwer. Sie betrugen bis Ende März 1942 1,108 Millionen Mann an Gefallenen, Verwundeten und Vermißten. Das war eine Quote von 34,6 Prozent seiner Durchschnittsstärke von 3,2 Millionen Mann. Bis Ende Januar waren 4.241 Panzer und Sturmgeschütze verlorengegangen, allein während der Abwehrkämpfe im Dezember 1941 und Januar 1942 950 Kampffahrzeuge. Ende März verfügten alle 16 an der Ostfront eingesetzten Panzerdivisionen zusammen nur noch über 140 einsatzbereite Kampfpanzer. Nicht weniger schwerwiegend waren die Verluste an Kraftfahrzeugen. Von den 162 Divisionen des Ostheeres waren im März 1942 nur noch acht Divisionen voll angriffsfähig, drei weitere erst nach Auffrischung voll angriffsfähig und 47 nur begrenzt angriffsfähig. Die Kampfkraft des Heeres vom 22. Juni 1941 konnte nie wieder erreicht werden, weder personell nach den Verlusten des Jahres 1941 und der folgenden Winterschlacht, noch materiell, da die Arbeitskräfte- und Rohstoffzuteilung eine erhebliche Steigerung der Rüstungsproduktion nicht erlaubten.

Der amerikanische Präsident Franklin D. Roosevelt bekämpft das Deutsche Reich erbittert, um Amerika die weltweite wirtschaftliche Vorherrschaft zu sichern.

Die an der Ostfront eingesetzten Luftstreitkräfte hatten bis Ende Dezember 1941 einen Totalverlust von über 2.500 Frontflugzeugen und fast 1.800 beschädigten Maschinen zu verzeichnen, bis Ende März 1942 waren es mehr als 2.700 Totalausfälle. Sie wurden weiter dadurch geschwächt, daß die Luftflotte 2 wegen der bedrohlichen Entwicklung auf dem nordafrikanischen Kriegsschauplatz und der britischen Luftüberlegenheit im Mittelmeer Anfang Dezember 1941 nach Süditalien und Sizilien verlegt werden mußte.

Trotzdem hatten Standfestigkeit und Tapferkeit des deutschen Soldaten, sein Kampf unter härtesten Bedingungen gegen eine vielfache Übermacht, in eisiger Kälte, bei fehlender Winterausrüstung und ausbleibendem Nachschub, auch den von der sowjetischen Armeeführung angestrebten Erfolg verhindert. Die deutsche Front war im Winter 1941/42 nicht zusammengebrochen, das eingeschlossene Leningrad nicht entsetzt, der Durchbruch der Roten Armee ins Baltikum nicht erreicht, die Heeresgruppe Mitte nicht im Rücken umfaßt, die Heeresgruppe Süd nicht durch einen russischen Vorstoß zum Dnjepr von ihren rückwärtigen Verbindungen abgeschnitten worden. Statt dessen waren viele von Stalin neu eingesetzte Verbände in der Winterschlacht zerschlagen worden, und somit war die Voraussetzung dafür gegeben, daß das deutsche Ostheer 1942 wieder die strategische Offensive ergreifen konnte.

Amerikas Kriegseintritt

Der amerikanische Präsident Franklin Delano Roosevelt hatte frühzeitig im Dritten Reich eine Macht gesehen, die aufgrund wachsender Stärke und ihres zunehmenden Einflusses in Europa ein Konkurrent für den Warenabsatz der Vereinigten Staaten werden könnte. Seine daraus resultierende Ablehnung und Bekämpfung Deutschlands steigerte sich in dem Maße, wie dessen Wirtschaft immer autarker wurde und sein Güteraustausch mit anderen Staaten ständig zunahm. Roosevelt sah dadurch sein Konzept des offenen und ungeteilten Weltmarkts gefährdet, das er als Voraussetzung für den Absatz amerikanischer Waren und somit zur Überwindung einer anhaltenden Wirtschaftskrise in den Vereinigten Staaten, aber auch als Grundlage einer weltweiten amerikanischen Vormachtstellung ansah. Ähnlich geartete Überlegungen hatten bereits 1917 zum Eintritt der USA in den Ersten Weltkrieg geführt, und auch nach 1933 betrachtete die amerikanische Politik Deutschland wieder als einen ihrer wichtigsten Gegner. Washington strebte deshalb ein Zusammengehen mit Großbritannien und Frankreich an, Ländern, die bereits in hohem Maße von den Vereinigten Staaten abhängig waren und deren Einfluß in Europa Roosevelt nicht zugunsten Deutschlands beeinträchtigt sehen wollte. Seine Macht- und handelspolitischen Interessen nannte er jedoch selten beim Namen, sondern sprach statt dessen von einer Gefahr, die von Deutschland und seiner Staatsform für andere Länder ausgehen und damit angeblich auch die Vereinigten Staaten bedrohen sollte.

Dementsprechend ermutigten Roosevelt und seine Diplomaten vor allem Großbritannien, Frankreich, Polen und die Tschechoslowakei zum Widerstand gegen die Politik des Dritten Reiches, drohten diesen Ländern Konsequenzen bei Nachgiebigkeit gegenüber deutschen Wünschen an und gingen 1938 dazu über, ihnen wirtschaftliche und militärische Unterstützung bis hin zum Eintritt der Vereinigten Staaten in einen Krieg gegen Deutschland zuzusichern. Öffentlich konnte Roosevelt solche Erklärungen jedoch nicht abgeben, da vom amerikanischen Kongreß beschlossene Neutralitätsgesetze ihm das verboten. Aber seine fortgesetzten Reden bereiteten die amerikanische Bevölkerung zunächst auf die Unterstützung von Deutschlands Kriegsgegnern und später auf den Eintritt der USA in diesen Kampf vor.

1940 begannen die Vereinigten Staaten zunehmende Mengen von Waffen und Kriegsmaterial an Frankreich – das dadurch jedoch nicht vor einer militärischen Niederlage im Kampf gegen die Wehrmacht bewahrt wurde – und an Großbritannien zu liefern. Verbunden war dies mit Versicherungen Roosevelts an seine Landsleute, er hasse den Krieg und werde ihn von seinem Land fernhalten. Der Ton seiner Reden änderte sich jedoch, nachdem er im November 1940 für weitere vier Jahre zum Präsidenten der Vereinigten Staaten gewählt worden war und er nun nicht mehr eine Wahlniederlage als Folge aggressiver Reden befürchten mußte. Schon am 6. Januar 1941 verlangte Roosevelt in einer Botschaft an den amerikanischen Kongreß „bedeutende Kredite" für die „Herstellung von zusätzlicher Munition und Kriegsmaterial", das an Deutschlands Kriegsgegner auch dann abgegeben werden sollte, wenn die Empfänger dafür nicht bezahlen konnten. Die amerikanische Flotte sichere „heute die Meere für die Lieferung unserer Munition an England" gegen deutsche Unterseeboote, wie der amerikanische Kriegsminister Henry L. Stimson in einer Rede am 7. Mai 1941 erklärte. Fünf Tage später behauptete Roosevelts Marineminister Frank Knox: „Wir haben bereits unsere Entscheidung getroffen, und die amerikanische Nation wartet nur darauf, daß uns der Präsident

Der US-Sonderbeauftragte Harry Hopkins sichert Stalin im Auftrag von Roosevelt Kriegsmateriallieferungen durch die USA zu.

den Befehl ‚Marschiert!' erteilt."[6] Roosevelt selbst versicherte seinen Landsleuten am 27. Mai 1941: „Für uns steht es absolut fest, daß, falls der nationalsozialistische Vormarsch jetzt nicht mit Gewalt aufgehalten wird, die westliche Hemisphäre an der Schwelle des Unterganges steht. ... Niemand kann heute voraussagen, wann die Pläne der Diktatoren zum Angriff auf unsere Halbkugel reif werden. Aber wir wissen genug, um jetzt zu erkennen, daß es Selbstmord wäre, wenn man warten wollte, bis sie vor unserer Tür stehen. ... Der gesunde Menschenverstand verlangt den Einsatz einer Strategie, die den Feind daran hindert, überhaupt erst eine solche Stellung zu erlangen. Wir haben daher unsere Patrouillen in den Gewässern des Nord- und Südatlantik ausgedehnt. Wir vergrößern diese Patrouillen mehr und mehr mit Schiffen und Flugzeugen."[7]

US-Marineminister Frank Knox ist begierig darauf, daß Roosevelt endlich den Befehl zum Angriff gibt.

Kurz danach, am 12. Juni 1941, teilte Roosevelt dem Kongreß mit: „Wir haben die Durchführung eines umfassenden Lieferungsprogrammes unternommen, um die Niederlage der Achsenmächte unvermeidlich zu machen."[8] Und Marineminister Knox fügte in einer Rede am 1. Juli 1941 hinzu: „Wir müssen die Natur der Opfer erkennen und müssen, falls nötig, mit amerikanischen Tränen, amerikanischer Arbeit, amerikanischem Schweiß und amerikanischem Blut dem gleichkommen, was England so tapfer an Tränen, Arbeit, Schweiß und Blut ausgab, um der vernichtenden Ausbreitung des Nationalsozialismus Halt zu gebieten."[9]

Nach Ausbruch des Ostfeldzugs erklärte Roosevelts Sonderbeauftragter Harry Hopkins nach einem Gespräch mit Stalin am 31. Juli 1941 vor Pressevertretern in Moskau: „Gemäß den Instruktionen Roosevelts teilte ich Stalin mit, daß die Vereinigten Staaten jene, die gegen Hitler kämpfen, als auf der richtigen Seite stehend betrachten und ihnen Hilfe gewähren werden. Wir haben über die Lieferung von Kriegsmaterial gesprochen, insbesondere über die Art und Menge des Materials, das wir nach der Sowjetunion schicken können."[10] Nicht weniger deutlich war Roosevelt in einer Botschaft an die amerikanische Bevölkerung vom 1. September 1941: „Ich weiß, daß ich im Namen des Gewissens und der Entschlossenheit des amerikanischen Volkes spreche, wenn ich feststelle, daß wir alles in unserer Macht Liegende tun, um Hitler und seine nationalsozialistischen Kräfte zu zerschmettern."[11]

Der nächste Schritt Roosevelts war die Anweisung an die amerikanische Marine und Luftwaffe, Schiffe des Deutschen Reiches und damit eines Landes, mit dem sich die USA nicht im Kriegszustand befanden und zu dem sie unverändert diplomatische Beziehungen unterhielten, auf hoher See anzugreifen und zu versenken. Dazu sagte er am 12. September 1941: „Von jetzt an, wenn deutsche oder italienische Kriegsschiffe die Gewässer betreten, deren Schutz für Amerikas Verteidigung nötig ist, so tun sie das auf eigene Gefahr. Die Befehle, die ich als oberster Befehlshaber der Armee und Flotte gegeben habe, gehen dahin, diese Politik, und zwar sofort, durchzuführen."[12] Die Gewässer, von denen Roosevelt sprach, reichten entsprechend seiner völkerrechtswidrigen Erklärung von der amerikanische Ostküste bis nach Island.

Demgemäß häuften sich die Angriffe amerikanischer Kriegsschiffe auf deutsche Unterseeboote, denen deutscherseits strengste Zurückhaltung gegenüber solchen Provokationen befohlen worden

Am 22. Juni 1941 hatte der britische Premierminister Sir Winston Churchill der Sowjetunion angeboten, gemeinsam mit ihr gegen das Deutsche Reich vorzugehen. Im August 1942 besuchen Churchill und William Averell Harriman, der persönliche Gesandte Roosevelts, Stalin in Moskau.

war. Und so erreichte Roosevelt es auch mit seinem am 12. September 1941 verkündeten Versenkungsbefehl nicht, eine Kriegserklärung des Deutschen Reiches an die Vereinigten Staaten zu provozieren, wie umgekehrt auch sein Kongreß von sich aus zu einer Kriegserklärung an Deutschland nicht bereit war.

Deutschland und Japan waren seit 1940 durch einen militärischen Pakt miteinander verbunden. Roosevelt strebte daher einen Krieg seines Landes mit Japan an in der Erwartung, daß es dadurch zu einem Krieg auch mit Deutschland kommen werde. Im Juli 1941 sperrte er die beträchtlichen japanischen Guthaben in den USA und verhängte eine Ölsperre sowie weitere Sanktionen, die Japans Wirtschaft erdrosseln mußten. Verhandlungen über eine Aufhebung dieser Maßnahmen führten zu keinem Erfolg, so daß Japan sich zum Krieg mit den Vereinigten Staaten gezwungen sah. Über die Vorbereitungen zu diesem Kampf waren die Amerikaner durch die Entzifferung japanischer Funksprüche genau informiert, auch über einen geplanten japanischen Luftangriff auf die amerikanische Flottenbasis Pearl Harbor auf Hawaii. Die Warnung wurde bewußt nicht weitergegeben, so daß die Pazifik-Flotte am 7. Dezember 1941 nicht im Alarmzustand war und deshalb hohe Verluste erlitt. Vier Tage danach erklärte das Deutsche Reich infolge seiner Bündnisverpflichtungen gegenüber Japan – wie in Washington erhofft und erwartet – den Vereinigten Staaten offiziell den Krieg, den Roosevelt ohne Kriegserklärung bereits seit langem gegen Deutschland führte.

Der Kampf in Nordafrika

Im September 1939 hatte sich das mit dem Deutschen Reich militärisch verbündete Italien nicht in der Lage gesehen, an der Seite der Wehrmacht in den Krieg einzutreten. Das änderte sich jedoch, als im Sommer 1940 Englands Truppen vom europäischen Festland vertrieben worden waren und sich die Kapitulation Frankreichs im Westfeldzug abzeichnete. Der italienische Staatschef Benito Mussolini erklärte nun beiden Ländern am 10. Juni 1940 den Krieg, was jedoch keinerlei Auswirkungen auf die Kämpfe in Europa hatte.

Anders war es in Nordafrika, wo sich britische Truppen in Ägypten und Italiener in ihrer Kolonie Libyen gegenüberstanden. Als Anfang Dezember 1941 englische Verbände nach Westen angriffen, erzielten sie bei geringfügigen eigenen Verlusten einen überragenden Sieg über die italienischen Divisionen. Angesichts dieser Katastrophe wurden deutsche Fliegerverbände nach Sizilien verlegt, und im Februar 1941 fiel die Entscheidung, auch deutsche Heeresverbände nach Nordafrika zu entsenden. Diesen von General Erwin Rommel geführten Einheiten gelang es, in einem Ende März begonnenen Gegenangriff die feindlichen Truppen bis an die ägyptische Grenze zurückzuwerfen. Es folgten wechselvolle Kämpfe zwischen britischen Divisionen und dem Deutschen Afrika-Korps, ohne daß sich der Frontverlauf bis zum Herbst 1941 wesentlich veränderte.

Die Kriegslage 1942

Die Vereinigten Staaten mobilisierten nach ihrem Kriegseintritt nun ihre gewaltigen personellen und materiellen Reserven vor allem für den Einsatz in Europa. Japan war nur der Vorwand für den Kriegseintritt gewesen. Zunächst aber war es deutschen Unterseebooten möglich, amerikanische Handelsschiffe anzugreifen, die sonst über weite Strecken des Atlantik ungehindert ihre Fracht in britische Häfen transportiert hätten. Bis Mitte Juli 1942 wurden dadurch 228 amerikanische Schiffe mit 1,28 Millionen Brutto-Register-Tonnen versenkt. Trotzdem zeichnete sich deutscherseits ab, daß nur durch zahlreiche Neubauten der U-Boot-Krieg gegen Großbritannien kriegsentscheidend werden konnte. Das hätte jedoch eine erhebliche Einschränkung der Heeresrüstung verlangt, die vor einem Sieg an der Ostfront nicht denkbar war.

Die Sowjetunion konnte sich aufgrund ihrer räumlichen Ausdehnung, ihrer Bevölkerungszahl und ihrer Rüstungsindustrie fortlaufend verstärken, das vom Krieg nun weitgehend verschonte Großbritannien konnte die Folgen seiner Niederlagen in Westeuropa und im Mittelmeerraum überwinden und vor allem eine Bomberoffensive gegen Deutschland beginnen, die nur unvollkommen abzuwehren war, da 54 Prozent der deutschen Luftstreitkräfte an der Ostfront gebunden blieben.[13]

Die britischen Bombenangriffe richteten sich vorrangig nicht gegen kriegs-

Sir Charles Portal (Mitte), Stabschef der Royal Air Force, entwickelt 1942 einen Plan, wie binnen zwei Jahren bis zu einer Million Deutsche durch Bomben getötet werden sollen. Die Städte Lübeck und Köln werden die ersten Opfer dieser Strategie.

wichtige Ziele wie Kasernen, Flugplätze oder Rüstungsfabriken. Vielmehr war in einer Direktive an den Chef des britischen Bomber-Kommandos vom 14. Februar 1942 befohlen worden: „Es ist entschieden, daß das Hauptziel Ihrer Operation jetzt auf die Moral der gegnerischen Zivilbevölkerung gerichtet sein sollte, insbesondere die der Industriearbeiterschaft. ... Es ist klar, daß die Zielpunkte die Siedlungsgebiete sein sollen und beispielsweise nicht Werften oder Luftfahrtindustrien. Dies muß ganz klargemacht werden."[14] In Übereinstimmung mit dieser Absicht, die deutsche Zivilbevölkerung zu terrorisieren, schrieb der damalige Außenminister Anthony Eden am 15. April 1942 an den britischen Luftfahrtminister: „Die psychologischen Auswirkungen der Bombardierungen haben wenig Beziehung zu der militärischen oder wirtschaftlichen Bedeutung des Ziels; sie werden einzig und allein durch das Ausmaß der Zerstörung und der angerichteten Verwirrung bestimmt. ... Ich möchte daher vorschlagen, daß bei der Auswahl von Zielen in Deutschland kleinere Städte mit weniger als einhundertfünfzigtausend Einwohnern, die nicht zu stark verteidigt sind, berücksichtigt werden sollten, selbst wenn diese Städte nur Ziele von zweitrangiger Bedeutung aufweisen."[15] Der britische Luftstabschef Charles Portal entwickelte darauf einen im Oktober 1942 fertiggestellten Plan, nach dem in den nächsten zwei Jahren bis zu einer Million Deutsche durch Bomben umgebracht und 25 Millionen obdachlos gemacht werden sollten. Die ersten Großangriffe der britischen Luftwaffe, jeweils mit den erwarteten verheerenden Wirkungen, richteten sich 1942 gegen Lübeck und Köln. Diese Bombardierungen, ab 1943 unterstützt durch amerikanische Flugzeuge, hatten bis Kriegsende den Tod von mindestens 500.000 Zivilpersonen zur Folge, und 620.000 wurden schwer verletzt. Nicht eingerechnet sind dabei die Bombenopfer der ostdeutschen Flüchtlinge, der Wehrmachtsangehörigen sowie der Österreicher, der Sudetendeutschen und der Volksdeutschen, weil in diesen Opfergruppen Zahlenangaben bis heute fehlen. Etwa 20 Prozent der Opfer waren Kinder, etwa 40 Prozent Frauen und 22 Prozent ältere Menschen. Allerdings erreichte der alliierte Bombenterror das angestrebte Ziel, die Widerstandskraft der Deutschen zu brechen, nicht. Nach dem Zweiten Weltkrieg mußte Arthur Harris, Oberbefehlshaber der britischen Bomberflotte, eingestehen: „Der Gedanke, die Hauptwirkung der Angriffe gegen die Moral zu erwarten, erwies sich als völlig verfehlt. Als wir fast alle deutschen Industriestädte zerstört hatten, blieb die Bevölkerung unberührt."[16]

Der Oberbefehlshaber der britischen Bomberflotte Sir Arthur Harris wird in Großbritannien bis heute für seine Massenmorde an deutschen Zivilisten geehrt.

Im Deutschen Afrika-Korps kämpften Verbände, die dringend an der Ostfront gebraucht wurden. Sein Nachschub über das Mittelmeer wurde von britischen Luft- und Seestreitkräften zu einem erheblichen Teil vernichtet und erreichte die Truppe daher nur in geringem Maße. Die deutsche Hilfe für italienische Kriegsschauplätze beanspruchte die Wehrmacht in großem Umfang.

Es war nun auch davon auszugehen, daß amerikanische Streitkräfte in absehbarer Zeit auf dem europäischen Kriegsschauplatz erscheinen würden. Hitler befürchtete deshalb für 1943 einen klassischen Zweifrontenkrieg, wenn es der deutschen Wehrmacht 1942 nicht gelänge, die Sowjetunion zu besiegen. Er befahl deshalb am 10. Januar 1942, das deutsche Heer bis zum 1. Mai 1942 neu auszustatten und zu bevorraten, damit es zumindest mit Teilkräften zu einer Großoffensive im Osten antreten könne.

1941 und 1942 hatte sich das internationale Kräfteverhältnis also stark zum Nachteil Deutschlands und seiner Verbündeten verschoben. Die Zeit arbeitete nun gegen sie, und sie mußten somit eine Kriegsentscheidung herbeiführen, ehe sie dazu nicht mehr in der Lage waren.

Pläne für die Sommeroffensive 1942

Für einen schnellen Feldzug zur Niederwerfung des sowjetischen Gegners, wie er 1941 konzipiert worden war, reichten die eigenen Kräfte an einer 3.000 Kilometer langen Front im Frühjahr 1942 nicht mehr aus. Die Verluste des deutschen Ostheeres betrugen bis zum Juni 1942 1,3 Millionen Gefallene, Verwundete und Vermißte. Die Infanterieverbände der Heeresgruppe Süd besaßen nur noch 50 Prozent, die der Heeresgruppen Nord und Mitte nur noch 35 Prozent ihrer Sollstärke. Die Zahl der Panzer war nach den Verlusten der Winterschlacht zwar wieder auf 3.300 angewachsen, trotzdem konnte das Ostheer nicht mehr mit allen drei Heeresgruppen gleichzeitig die Initiative ergreifen, sondern nur noch mit einer Heeresgruppe an einem Frontabschnitt eine Teiloffensive unternehmen. Es war also darauf angewiesen, den Feind durch eine Ermattungsstrategie zu vernichten.

Die Entscheidung fiel vor allem aus kriegswirtschaftlichen Gründen zugunsten eines Angriffs im Südabschnitt der Ostfront. Er sollte das ganze Donezgebiet in deutsche Hand bringen, aus dem vor dem Krieg zwei Drittel der sowjetischen Kohleförderung kamen. Die Eroberung der Ostukraine und des Kuban-Gebiets würde Stalin wichtigste landwirtschaftliche Getreideanbaugebiete nehmen, der weitere Vorstoß in und durch den Kaukasus seine Erdölförderung von 22 Millionen Tonnen im Jahr 1942 um etwa 80 Prozent vermindern, dazu das große Manganvorkommen bei Tschiaturi in Georgien unter deutsche Kontrolle bringen. Die erfolgreiche Durchführung dieser „Operation Blau" mußte die Kriegführung der Sowjetunion also entscheidend schwächen, und so war zu erwarten, daß die Rote Armee alle ihre Kräfte im Südabschnitt der Ostfront zum Widerstand gegen die deutsche Offensive einsetzen würde. Es kam für die Heeresgruppe Süd vor allem darauf an, den sowjetischen Truppen den Rückzug zum Kaukasus und die Verteidigung in dem schwer zugänglichen, etwa 1.280 Kilometer langen, etwa 200 Kilometer tiefen und bis zu 5.600 Meter hohen Gebirgsmassiv zu verwehren. Bis zum Erreichen der wichtigsten Ölquellen mußten jedoch erhebliche Entfernungen, etwa 1.200 Kilometer bis Baku, überwunden werden. Darüber hinaus waren die Erdölförderanlagen unversehrt in deutsche Hand zu bringen, um sie für die eigene Kriegführung nutzbar zu machen. Die Versorgung der Wehrmacht mit Betriebsstoff war während des ganzen Krieges angespannt, so daß die Verfügung über das Kaukasus-Öl für sie eine außerordentliche Entlastung bedeuten mußte. Für die Wahl des Kriegsschauplatzes sprach ferner, daß im Süden Rußlands das Gelände panzergünstiger und das Wetter vorteilhafter war.

Die Offensive in den Kaukasus sollte durch einen Vorstoß zur Wolga im Raum Stalingrad und die Errichtung einer Flankenstellung zwischen Don und Wolga abgesichert werden, die Stadt Stalingrad war als Verkehrs- und Rüstungszentrum auszuschalten, der Schiffsverkehr auf der Wolga, über die wichtige Nachschubgüter aus angloamerikanischen Lieferungen von persischen Häfen nach Norden befördert wurden, zu unterbinden. Erst nach Erreichung dieser Ziele sollte der

Vormarsch in den Kaukasus beginnen. An der sowjetischen Südfront und Südwestfront sowie im Südteil der Brjansk-Front standen den deutschen Offensiv-Kräften insgesamt neun feindliche Armeen gegenüber. Konnten die nicht frühzeitig umfaßt und vernichtet werden, bestand keine Hoffnung, die angestrebten Ziele an Wolga und Kaukasus vor Beginn des Winters zu erreichen.

An den übrigen Fronten sollte sich das Ostheer auf die Verteidigung beschränken, lediglich zur Eroberung Leningrads und zur Vereinigung mit der finnischen Armee waren Angriffsoperationen geplant.

Diese Ziele wurden auf einer Besprechung im Führerhauptquartier am 28. März 1942 und in Adolf Hitlers Weisung Nr. 41 vom 5. April 1942 festgelegt. Darin hieß es: „Das Ziel ist, die den Sowjets noch verbliebene lebendige Wehrkraft endgültig zu vernichten und ihnen die wichtigsten kriegswirtschaftlichen Kraftquellen so weit als möglich zu entziehen. …

Unter Festhalten an den ursprünglichen Grundzügen des Ostfeldzuges kommt es darauf an, bei Verhalten der Heeresmitte, im Norden Leningrad zu Fall zu bringen und die Landverbindung mit den Finnen herzustellen, auf dem Südflügel der Heeresfront aber den Durchbruch in den Kaukasus-Raum zu erzwingen.

Dieses Ziel ist in Anbetracht der Abschlußlage nach der Winterschlacht, der verfügbaren Kräfte und Mittel und der Transportverhältnisse nur abschnittsweise zu erreichen.

Daher sind zunächst alle greifbaren Kräfte zu der Hauptoperation im Süd-Abschnitt zu vereinigen mit dem Ziel, den Feind vorwärts des Don zu vernichten, um sodann die Ölgebiete im kaukasischen Raum und den Übergang über den Kaukasus selbst zu gewinnen. …

Die nächsten Aufgaben in diesem Rahmen sind es, auf der Krim die Halbinsel Kertsch zu säubern und Sewastopol zu Fall zu bringen. …

Im Südraum ist der beiderseits Isjum eingebrochene Feind im Zuge des Donez abzuschneiden und zu vernichten. …

[Zu den Hauptoperationen an der Ostfront:] Ihr Ziel ist es – wie schon betont – zur Einnahme der Kaukasusfront die russischen Kräfte, die sich im Raume von Woronesh nach Süden, westlich bezw. nördlich des Dons befinden, entscheidend zu schlagen und zu vernichten. Aus Gründen des Eintreffens der hierzu verfügbaren Verbände kann diese Operation nur in einer Reihe von nacheinander folgenden, aber untereinander im Zusammenhang stehenden bezw. sich ergänzenden Angriffen durchgeführt werden. Sie sind daher von Norden nach Süden zeitlich so aufeinander abzustimmen, daß außerdem in jedem einzelnen dieser Angriffe ein Höchstmaß der Konzentration sowohl der Heeres- als auch besonders von Luftstreitkräften an den entscheidenden Stellen sichergestellt werden kann. …

Es muß vermieden werden, daß durch zu spätes Einschwenken der Umklam-

Terekkosaken melden sich bei der Wehrmacht als Freiwillige. Sie waren vom Sowjetregime brutal unterdrückt worden und wollen es nun abschütteln.

merungsverbände dem Gegner die Möglichkeit offenbleibt, sich der Vernichtung zu entziehen. ...

Es ist also, abgesehen von dem großen operativen Ziel, in jedem einzelnen Fall die Vernichtung des angegriffenen Gegners schon durch die Art des Ansatzes und der Führung der eigenen Verbände unter allen Umständen sicherzustellen.

Die Einleitung der Gesamtoperation hat mit einem umfassenden Angriff bezw. Durchbruch aus dem Raum südlich Orel in Richtung Woronesh zu beginnen. Von den beiden zur Umklammerung angesetzten Panzer- und Mot-Verbänden hat der nördliche stärker zu sein als der südliche. Das Ziel dieses Durchbruchs ist die Besetzung von Woronesh selbst. Während es nun die Aufgabe eines Teiles der Infanterie-Divisionen ist, zwischen dem Ausgangspunkt des Angriffs von Orel in Richtung auf Woronesh sofort eine starke Verteidigungsfront aufzubauen, haben die Panzer- und Mot-Verbände den Auftrag, von Woronesh aus mit ihrer linken Flanke, angelehnt an den Don, nach Süden den Angriff fortzusetzen zur Unterstützung eines zweiten Durchbruchs, der etwa aus dem allgemeinen Raum von Charkow nach Osten hin geführt werden soll. Auch hier ist es primär das Ziel, nicht die russische Front als solche einzudrücken, sondern im Zusammenwirken mit den den Don abwärts vorstoßenden Mot-Verbänden die russischen Kräfte zu vernichten.

Der dritte Angriff dieser Operation ist so zu führen, daß die den Don abwärts stoßenden Verbände sich im Raum um Stalingrad mit jenen Kräften vereinigen, die aus dem Raum Taganrog-Artemowsk zwischen dem Unterlauf des Don und Woroschilowgrad über den Donez nach Osten vorstoßen. Diese sollen abschließend die Verbindung mit der gegen Stalingrad vorrückenden Panzerarmee finden. ...

Auf jeden Fall muß versucht werden, Stalingrad selbst zu erreichen oder es zumindest so unter die Wirkung unserer schweren Waffen zu bringen, daß es als weiteres Rüstungs- und Verkehrszentrum ausfällt. ...

Zur Besetzung der sich im Laufe dieser Operation mehr und mehr verlängernden Donfront werden in erster Linie die Verbände der Verbündeten mit der Maßgabe herangezogen, daß deutsche Truppen als starke Stütze zwischen Orel und dem Don sowie an der Stalingrader Landenge einzusetzen sind, im übrigen aber einzelne deutsche Divisionen hinter der Donfront als Eingreifreserven verfügbar bleiben. ...

Die schnelle Fortsetzung der Bewegungen über den Don nach Süden zur Erreichung der Operationsziele muß im Hinblick auf die jahreszeitlichen Bedingungen gewährleistet sein."[17]

Die Kriegswirtschaft im Jahr 1942

Das Versailler Diktat hatte Deutschland nur eine militärisch unbedeutende Reichswehr mit einer gleichfalls unzureichenden Waffenausstattung erlaubt. Nach 1933 begann allmählich die Verstärkung des Heeres und der zunächst geheime Aufbau einer Luftwaffe. 1935 wurde die allgemeine Wehrpflicht eingeführt und die Aufrüstung der Wehrmacht beschleunigt. Dabei wirkte sich jedoch die Rohstoffknappheit in Deutschland erheblich aus und konnte durch synthetische Verfahren nur gelindert werden.

Bis Ausbruch des Zweiten Weltkriegs hatte die Wehrmacht noch nicht alle Wehrfähigen ausbilden können, denn die Zeit seit 1935 war dafür zu kurz gewesen. Auch die Ausstattung mit Waffen, Munition und Gerät war unzureichend, und die deutsche Rüstungsindustrie war organisatorisch nicht auf einen Krieg vorbereitet. Streitkräfte und Ausrüstung reichten lediglich für kurzfristige Feldzüge wie 1939 gegen Polen und 1940 gegen

Frankreich, aber nicht für einen langfristigen Krieg gegen starke Gegner. Hitler ernannte deshalb am 17. März 1940 Dr.-Ing. Fritz Todt zum Reichsminister für Bewaffnung und Munition mit dem Auftrag, die Munitionserzeugung zu lenken und die deutsche Rüstung durch Massenfabrikation zu steigern.

Der Anschluß Österreichs, die Errichtung des Protektorats Böhmen und Mähren sowie seine Eroberungen in den ersten beiden Kriegsjahren hatten Deutschland erhebliche Rohstoff- und Fertigungskapazitäten gebracht. Dazu kamen Lieferungen aus befreundeten Ländern auf der Grundlage von Handelsverträgen. Trotzdem sind die Rüstungsanstrengungen nach dem Westfeldzug nicht wesentlich gesteigert worden, weil nur noch mit einer kurzen Kriegsdauer gerechnet wurde. Ab Juni 1940 war Großbritannien der einzige Gegner des Deutschen Reiches, und es bestand die Hoffnung, durch Angriffe auf die für das Inselreich lebenswichtigen Schiffstransporte ein Kriegsende im Westen herbeiführen zu können. Deshalb würde die Luftwaffe zu Lasten von Heer und Marine bevorzugt ausgestattet. Auch als sich im Sommer 1940 ein Krieg mit der Sowjetunion abzeichnete, wurde eine Niederlage der Roten Armee nach einem schnellen Feldzug als derart wahrscheinlich angesehen, daß die Ausrüstung der Luftwaffe weiterhin Vorrang vor der Waffenproduktion für das Heer hatte. Auch die Herstellung von Verbrauchsgütern wurde nicht zugunsten der Heeresrüstung eingeschränkt.

Als der Ostfeldzug nicht, wie erwartet, in kurzer Zeit beendet war, zeigten sich die Auswirkungen der zu geringen deutschen Rüstungsproduktion. Der Verbrauch an Munition, der Verlust an Waffen und der Verschleiß an Geräten überstiegen alle Berechnungen und beeinträchtigten die Kampfkraft der Truppe in steigendem Maße. Am Ende des Jahres 1941 hatte Deutschland mit der Sowjetunion, den Vereinigten Staaten und Großbritannien ein Bündnis von Feindstaaten gegen sich, die aufgrund ihrer industriellen Kapazität in der Lage waren, die deutsche Rüstung bald zu übertreffen. Es mußte nun also darauf ankommen, die eigenen Produktionsmöglichkeiten stärker auszunutzen und vor allem die Bedürfnisse des Ostheeres zu berücksichtigen, das im kommenden Jahr die Hauptlast der Kämpfe zu tragen haben würde.

Demgemäß befahl Hitler am 10. Januar 1942: „Die Mittel der Rüstung sind daher zunächst bevorzugt den gesteigerten Bedürfnissen des Heeres dienstbar zu machen. Die Grundlage hierfür bildet der Einsatz der für die Wehrmacht insgesamt verfügbaren Rohstoffe ... unter Kürzung bei Kriegsmarine und Luftwaffe, soweit dies unvermeidbar ist.“[18]

Am 8. Februar 1942 kam Fritz Todt bei einem Flugzeugabsturz ums Leben. Er konnte daher nicht mehr jene Steigerung der Rüstungsproduktion und vermehrte Ausstattung des Heeres in die Wege leiten, die aufgrund einer unzutreffenden Einschätzung der Kriegsdauer und des Kriegsverlaufs bis dahin unterblieben waren. Schon einen Tag nach diesem Unfall ernannte Hitler den Architekten Professor Albert Speer zu Todts Nachfolger.

Speer betrachtete eine Steigerung der Rüstungsanstrengungen sowie „eine größere Zentralisierung und Vereinfachung der Führung in der gesamten Wirtschaft“ als seine vordringlichsten Aufgaben. Er zog erfahrene Industrieführer für die Lenkung der Rüstungsproduktion heran, führte eine Neuordnung des Arbeitseinsatzes herbei, erreichte schon 1942 eine Steigerung der Stahlproduktion und führte ein neues System der Rohstoffkontingentierung ein. Trotzdem konnten in diesem Jahr keineswegs alle Anforderungen der Wehrmachtsteile erfüllt werden. Speer sah deshalb im Oktober 1942 die Gefahr, „daß die Rüstung der Amerikaner und Engländer erst im nächsten Jahr richtig zur Auswirkung kommt und dann im übernächsten Jahr eine andere Situation für uns schafft..."[19]

Der Fortgang des Krieges mußte in erheblichem Maße von der Ausrüstung der beteiligten Streitkräfte abhängen. Die mit besseren Waffen ausgerüsteten Verbände würden ihren Feinden immer überlegen sein. In welchem Umfang auch das Ostheer Materialverluste hinzunehmen hatte, zeigte beispielsweise die Zahl der am Ende der Winterschlacht 1941/42 noch verfügbaren Panzer, und wie schwierig hier die Ersatzbeschaffung war, zeigt die Tatsache, daß bis zum Beginn der deutschen Sommeroffensive 1942 dem Ostheer nicht wieder so viele Kampfpanzer zur Verfügung standen wie beim Ausbruch des Krieges gegen die Sowjetunion am 22. Juni 1941. Aber nicht weniger mußte die Versorgung der eigenen wie der feindlichen Streitkräfte mit Betriebsstoff von Bedeutung sein. So kam der Eroberung der Ölquellen im Kaukasus, die Vernichtung „der den Sowjets noch verbliebenen lebendigen Wehrkraft" und ihrer „wichtigsten kriegswirtschaftlichen Kraftquellen" wahrscheinlich eine kriegsentscheidende Bedeutung zu.

Die Kämpfe in Südrußland von Mai bis Juli 1942

Die Rote Armee wollte der deutschen Sommeroffensive zuvorkommen und versuchte ab 12. Mai 1942 erneut, Charkow zu erobern. Bei Bjelgorod und Woltschansk überschritt sie in südwestlicher Richtung den Donez mit dem Ziel, die ukrainische Hauptstadt von Norden her zu umfassen, während sie aus dem Raum Tschugujew und aus dem bei Isjum bestehenden Frontvorsprung von Süden her auf Charkow vorstieß. Es gelangen ihr dabei tiefe Einbrüche in die deutsche Front, aber die zur Sommeroffensive aufmarschierte 6. Armee konnte die Angriffe schon nach fünf Tagen zum Stehen bringen. Darüber hinaus führte ein deutscher Gegenangriff auf den Frontvorsprung westlich Isjum zur Einschließung und Vernichtung der hier bereitgestellten feindlichen Verbände bis zum 28. Mai 1942. 240.000 Rotarmisten gingen in deutsche Gefangenschaft, 2.026 Geschütze und 1.249 Panzer wurden erbeutet oder vernichtet. Damit verlor die sowjetische „Südwestfront" mehr als drei Armeen.[20]

Der deutschen Sommeroffensive 1942 ging auch die Vernichtung der sowjetischen Streitkräfte auf der Krim voraus. Um nicht beim Angriff auf die Festung Sewastopol von feindlichen Truppen im Rücken angegriffen zu werden, befahl der Oberbefehlshaber der 11. Armee, Generaloberst Erich von Manstein, zunächst die Vernichtung der auf der Halbinsel Kertsch eingeschlossenen und über See versorgten sowjetischen Divisionen. Am 8. Mai 1942 wurden die feindlichen Stellungen an der Landenge von Feodosia durchbrochen und bis zum 15. Mai alle Verbände der Roten Armee im Ostteil der Krim vernichtet. Sie verloren dabei 150.000 Gefangene, 1.133 Geschütze, 255 Panzer und 323 Flugzeuge. Damit konnte die 11. Armee alle ihre Kräfte zur Eroberung von Sewastopol einsetzen.[21]

Ihr Angriff begann am 3. Juni 1942 mit einer starken Feuervorbereitung gegen die sowjetischen Festungswerke nördlich der Sewernaja-Bucht, wobei schwere und schwerste Geschütze eingesetzt wurden. Darunter befanden sich zwei Mörser von 60 Zentimetern und ein Geschütz von 82 Zentimetern Kaliber. Dieses „Dora" genannte schwerste Geschütz der deutschen Wehrmacht hatte ein Rohr von 30 Metern Länge, seine Lafette erreichte die Höhe eines zweistöckigen Hauses, seine Einzelteile waren in 60 Eisenbahnzügen transportiert worden, und es wurde auf eigens angelegten Gleisen in Stellung gebracht. Ein einziger Schuß von „Dora" hatte genügt, um ein großes feindliches

Munitionslager zu vernichten, das 30 Meter tief unter gewachsenem Fels lag. Die Truppe brauchte zwei Wochen, um sich gegen starken Feindwiderstand bis zur Sewernaja-Bucht vorzukämpfen, von der aus Sewastopol und sein Hafen eingesehen und beherrscht werden konnten. Der am 10. Juni beginnende Angriff auf die Stadt von Osten her warf die sowjetischen Verteidiger bis zum Monatsende und zum Kaukasus eingesetzt werden konnten. Die sowjetische Seite mußte jetzt selbst eine schwere Niederlage zugeben.

Fünf Divisionen der 11. Armee sind nach Abschluß der Kämpfe auf der Krim in den Raum Leningrad verlegt worden, zwei ihrer Divisionen nahmen an der Eroberung der Kertsch gegenüberliegenden Taman-Halbinsel teil.

Die Höhen um die „stärkste Feste der Welt", Sewastopol, waren mit Forts gespickt. Trotzdem wird die Seefestung im Frühsommer 1942 in einem fünftägigen Ansturm von der deutschen Wehrmacht unter Erich von Manstein genommen: Am 1. Juli fällt Sewastopol in deutsche Hand, doch noch bis zum 9. Juli halten sich Widerstandsnester in der Stadt.

auf den Stadtrand zurück, und nach einer weiteren Artillerie- und Feuervorbereitung wurde Sewastopol von Osten und Süden her gestürmt. Einen Tag später kapitulierten die feindlichen Kräfte westlich der Stadt auf der Halbinsel Chersones. 100.000 Gefangene, 622 Geschütze, 26 Panzer und 141 Flugzeuge fielen in deutsche Hand.[22]

Nach Ende der Kämpfe im Bereich der Heeresgruppe Süd, nach den Abwehrkämpfen bei Woltschansk und Tschugujew, der Kesselschlacht südlich Charkow, der Wiedergewinnung der Halbinsel Kertsch und der Eroberung der Festung Sewastopol beliefen sich die Verluste der Roten Armee bis Anfang Juli 1942 auf 540.000 Gefangene. Damit waren starke Feindkräfte ausgeschaltet, die nicht mehr gegen den deutschen Vorstoß zur Wolga

Die deutsche Sommeroffensive 1942 im Süden Rußlands

Das deutsche Ostheer verfügte am 24. Juni 1942, ein Jahr nach Beginn seines Feldzugs, über 165 sowie drei halbe Divisionen. Im Südabschnitt der Ostfront standen davon 60 $^1/_2$ Divisionen sowie die Truppen der auf der Krim eingesetzten 11. Armee. Damit befanden sich 76 Prozent des deutschen Heeres in der Sowjetunion, unter Einschluß der an der finnischen Front kämpfenden Verbände waren es sogar 78 Prozent. Aber der Kampfwert der Truppen war nach den vorangegangenen Verlusten stark gesunken. Die für die Sommeroffensive bereitgestellten fünf Armeen verfügten lediglich über 16 Panzer- und motorisierte Divisionen. Ihnen sollten 36 verbündete Divisionen aus Italien, Ungarn und Rumänien folgen, die jedoch unzureichend ausgerüstet waren. Zusammen mit ihnen kämpften Truppen aus Kroatien, der Slowakei und der Wallonie sowie in den Reihen der Waffen-SS Freiwillige aus Finnland, Schweden, Norwegen, Dänemark, den Niederlanden und Flandern.

Die Heeresgruppe Süd wurde nach Beginn der Sommeroffensive aufgeteilt in die von Feldmarschall Fedor von Bock geführte Heeresgruppe B, deren 2. Armee im Raum Kursk aufmarschiert war, mit der im Raum Bjelgorod konzentrierten 6. Armee sowie der um Charkow versammelten 4. Panzerarmee. Zur Heeresgruppe A unter dem Oberbefehl von Feldmarschall Wilhelm List gehörten die zwischen Isjum und Slawjansk bereitgestellte 1. Panzerarmee sowie die entlang der Linie Stalino-Mius stehende 17. Armee.

Das „Unternehmen Blau" begann am 28. Juni 1942 mit dem Angriff der am Nordflügel der Heeresgruppe B aufmarschierten 2. Armee und 4. Panzerarmee in Richtung Woronesh. Gegen heftigen feindlichen Widerstand wurden am 3. Juli der Don erreicht, der Strom überschritten und die Stadt erobert, während Infanteriedivisionen zwischen Orel und Woronesh eine Abwehrflanke aufbauten. Die Kämpfe um Woronesh hatten die 4. Panzerarmee aber so lange aufgehalten, daß starke sowjetische Kräfte zurückweichen konnten, ehe sich die 4. Panzerarmee mit der am 30. Juni zum Angriff nach Osten angetretenen 6. Armee vereinigte. Angesichts der Verluste der Roten Armee in den Kesselschlachten des Jahres 1941 und auch noch im Mai 1942 im Brückenkopf westlich Isjum hatte der Oberbefehlshaber der sowjetischen „Südwestfront", Marschall Semjon K. Timoschenko, seinen Truppen befohlen, der Wehrmacht zwar hartnäckigen Widerstand zu leisten, Einschließungen jedoch zu vermeiden. Wichtiger als das starre Festhalten an einer bestimmten Linie sei eine elastische Verteidigung, die eine zusammenhängende Front ermögliche. Timoschenko kam es also weniger darauf an, Raum zu behaupten, als Menschenverluste zu vermeiden. Entsprechend dieser Weisung entzog sich die Rote Armee einer angestrebten Umfassung zwischen dem Oberlauf von Donez und Don. Es war also frühzeitig die Absicht der sowjetischen Führung zu erkennen, ihre Divisionen in Räume zurückzuführen, in denen eine Verteidigung leichter möglich sein würde. Die sowjetischen Verbände wichen folglich in Richtung Wolga und Kaukasus aus, so daß die deutschen Truppen ihnen nur frontal folgen konnten. Daher hat der Wehrmachtbericht vom 10. Juli 1942 nur 88.689 Gefangene, 1.007 Feindpanzer und 1.688 Geschütze als erbeutet oder vernichtet gemeldet. Das waren geringe Verluste der Roten Armee, wenn man sie mit den Zahlen des Jahres 1941 vergleicht.[23]

Als die Spitzen der Heeresgruppe B sich bei ihrem Vorstoß nach Süden dem Raum von Millerowo am Fluß Kalitwa näherten, trat auch die Heeresgruppe A zum Angriff an, um sich mit der Heeresgruppe B zur Einschließung sowjetischer Kräfte zu vereinigen. Aber die hatten bereits den Rückzug angetreten, und auch das am 13. Juli befohlene Einschwenken der 1. Panzerarmee in südwestlicher und der 4. Panzerarmee in südlicher Richtung auf Rostow am Don führte nicht zur Umfassung stärkerer Feindkräfte. Lediglich die Stadt selbst wurde bis zum 25. Juli 1942 in einem harten Straßen- und Häuserkampf verteidigt. So war zwar in kurzer Zeit die ganze sowjetische Front zwischen Kursk und dem Asowschen Meer in einer Breite von 500 Kilometern aufgerissen, aber das angestrebte Ziel, die feindlichen Kräfte im Raum von Woronesh und entlang des Don entscheidend zu schlagen und zu vernichten, nur zum Teil erreicht. Allerdings hatte die Kampfmoral der zurückweichenden sowjetischen Truppen einen Tiefstand erreicht, die Auflösungserscheinungen häuften sich, und es schien, ihr zunächst geordneter Rückzug könnte in heillose Flucht ausarten. Auch Stalin sah seine Situation als sehr ernst an und drängte seine angloamerikanischen Verbündeten zur Errichtung einer zweiten Front in Europa.

Ende Juli 1942 standen die 17. Armee sowie die 1. Panzerarmee und die nun gleichfalls der Heeresgruppe A unterstellte 4. Panzerarmee auf dem Südufer des Don zwischen Rostow und Zymljanskaja, als eine Weisung Nr. 45 vom 23. Juli 1942 befahl: „Die nächste Aufgabe der H.Gr. A ist es, nunmehr die über den Don entkommenen feindlichen Kräfte im Raum südlich und südostwärts Rostow einzuschließen und zu vernichten. …

Nach Vernichtung der feindlichen Kräftegruppe südlich des Don ist es die wichtigste Aufgabe der H.Gr. A, die gesamte Ostküste des Schwarzen Meeres in Besitz zu nehmen und damit die Schwarzmeerhäfen und die feindliche Schwarzmeerflotte auszuschalten. …

Mit einer weiteren Kräftegruppe, bei der alle übrigen Geb.- und Jg. Div. zusammenzufassen sind, ist der Übergang über den Kuban zu erzwingen und das Höhengelände von Maikop und Armavir in Besitz zu nehmen. …

Zugleich ist mit einer im wesentlichen aus schnellen Verbänden zu bildenden Kräftegruppe unter Aufbau eines Flankenschutzes nach Osten der Raum um Grossnyi [Grosny] zu gewinnen und mit Teilkräften die Ossetische und Grusinische Heerstraße möglichst auf den Paßhöhen zu sperren.

Anschließend ist im Vorstoß entlang des Kaspischen Meeres der Raum um Baku in Besitz zu nehmen. …

Der H.Gr. B fällt – wie bereits befohlen – die Aufgabe zu, neben dem Aufbau der Donverteidigung im Vorstoß gegen Stalingrad die dort im Aufbau befindliche feindliche Kräftegruppe zu zerschlagen, die Stadt selbst zu besetzen und die Landbrücke zwischen Don und Wolga sowie den Strom selbst zu sperren.

General der Panzer Hans Hube blickt am 23. August 1942 von seinem Befehlspanzerwagen an der Spitze der 16. Panzerdivision auf Stalingrad. Vor ihm – mit Fernglas – steht Oberbefehlshaber der Luftflotte 4 Generaloberst Wolfram Freiherr von Richthofen.

Im Anschluß hieran sind schnelle Verbände entlang der Wolga anzusetzen mit dem Auftrag, bis nach Astrachan vorzustoßen und dort gleichfalls den Hauptarm der Wolga zu sperren."[24]

Das bedeutete den gleichzeitigen Angriff in drei Richtungen: Den Vorstoß der einzigen noch zur Heeresgruppe B gehörenden 6. Armee nach Osten auf Stalingrad und zur unteren Wolga, den Vorstoß der zur Heeresgruppe A gehörenden 17. Armee vom Don in südwestlicher Richtung durch die nordwestlichen Ausläufer des Kaukasus zum Schwarzen Meer und den Vorstoß der 1. und 4. Panzerarmee durch das Zentrum und die östlichen Ausläufer des Kaukasus, wobei mit Baku das wichtigste sowjetische Erdölförderungsgebiet zu erobern war. Die

General der Panzertruppen Friedrich Paulus am Kartentisch des Gefechtsstandes der 6. Armee vor Stalingrad. Links der 1. Generalstabsoffizier Oberstleutnant Elchlepp, rechts General Rodenburg, Kommandeur der 76. Infanteriedivision.

deutschen Kräfte wurden damit aufgeteilt und auf Gebiete angesetzt, die wie der Kaukasus und das zur Festung ausgebaute Stalingrad vom Feind leicht zu verteidigen waren.

Durch eine Entscheidung vom 30./31. Juli 1942 wurde die 4. Panzerarmee aber wieder der Heeresgruppe B unterstellt mit dem Auftrag, die 6. Armee zu unterstützen, deren Vormarsch in Richtung Stalingrad durch vier sowjetische Armeen am Don im Raum Kalatsch aufgehalten wurde. Damit operierten jeweils zwei Armeen in Richtung Stalingrad und zwei stießen auf den Kaukasus vor. Beide Heeresgruppen waren etwa gleich stark. Zu dieser Zeit faßte das sowjetische Oberkommando den Beschluß, das Vorfeld des Kaukasus und der unteren Wolga aufzugeben und sich dahinter zurückzuziehen.

Die Kämpfe im Vorfeld des Kaukasus

Dementsprechend hatte die Heeresgruppe A, die von schnellen Verbänden lediglich über fünf Divisionen und eine slowakische Division verfügte, südlich des Don auf ihrem Weg zum Kaukasus nur geringen Widerstand zu überwinden. In den letzten Julitagen wurde der in den Don einmündende Manytsch überquert, der hier die Grenze zwischen Europa und Asien bildet. Die 17. Armee stieß in südlicher und südwestlicher Richtung auf den Unterlauf des Kuban und den nordwestlichen Ausläufer des Kaukasus vor, während die 1. Panzerarmee die Richtung auf die Erdölgebiete von Maikop, Mosdok und Grosny am Nordrand des Kaukasus einschlug. Maikop wurde von ihr am 8. August 1942 erobert, aber die Rote Armee hatte die Förderanlagen dort völlig zerstört. Dann mußten die auf Grosny angesetzten Verbände jedoch wochenlang ihren Vormarsch bei Pjatigorsk unterbrechen, weil angesichts der langen Nachschubwege kaum Betriebsstoff nachgeführt werden konnte. Erst Ende August wurde Mosdok und damit schon die Nähe des Kaspischen Meeres erreicht, wo der Vormarsch gegen starken Feindwiderstand zum Stillstand kam. Auch im Waldkaukasus verteidigte sich die Rote Armee zäh und verwehrte den Gebirgstruppen den Durchbruch zur Schwarzmeerküste. Lediglich die Taman-Halbinsel konnte noch vom Feind gesäubert werden.

Ab September 1942 veränderte sich die Frontlinie im Kaukasus nicht mehr wesentlich. Die Rote Armee hatte ihr Ziel erreicht, ihre Verbände zwischen Don und Kaukasus vor einer Umfassung zu bewahren und sie dann in schwer zu überwindenden Gebirgsstellungen zur Verteidigung einzusetzen. Die deutsche Offensive im Kaukasus und im Vorfeld des Erdölgebiets von Grosny kam zum Stillstand; damit hatte die Wehrmacht die militärstrategische und operative Initiative an der Ostfront verloren.

Ein Operationsbefehl Hitlers vom 14. Oktober 1942 befahl daher, die eroberten Gebiete zu halten und sie zum Ausgangspunkt für neue Offensivunternehmen im Jahre 1943 zu machen.

Die Schlacht um Stalingrad

Der feindliche Widerstand vor der Heeresgruppe B versteifte sich in dem Maße, wie sich ihre Truppen Stalingrad näherten. Die 6. Armee hatte sich in Richtung auf den großen Donbogen vorgekämpft, den Strom am 21. August bei Kalatsch überschritten, am 25. August den Westrand von Stalingrad erreicht und wenig später die Stadt von Norden, Westen und Süden her umfaßt. Die sowjetischen Verteidiger konnten Nachschub also nur noch über Boote und zwei Pontonbrücken erhalten, die über die Wolga gelegt worden waren. Damit war bereits der Transport von angloamerikanischem Kriegsmaterial auf dem Strom unterbunden. Angriffe der Roten Armee auf die Landbrücke zwischen Don und Wolga zwangen die 6. Armee dazu, diese Flankenstellung mit starken Kräften zu verteidigen, so daß zunächst keine ausreichenden Truppen für die Kämpfe in Stalingrad zur Verfügung standen. Erst nach dem 11. September 1942 konnten die 6. Armee und die 4. Panzerarmee mit der Eroberung der Stadt beginnen, die in monatelanger Arbeit von sowjetischen Pionieren zur Verteidigung vorbereitet worden war.

Stalingrad war eine Aneinanderreihung von Dörfern, Städten, Arbeitersiedlungen, riesigen Industriekombinaten und Fabriken, die sich etwa 40 Kilometer am Westufer der Wolga hinzogen. Um jeden Häuserblock, jedes Haus, jeden Keller und jede Fabrikhalle mußte gerungen werden, um befehlsgemäß die Stadt unter Kontrolle zu bringen und ihre Rüstungswerke auszuschalten. Die Straßen- und Häuserkämpfe waren von außerordentlicher Härte und verlustreich für beide Seiten. Die Heeresgruppe B verlor dabei in einem Monat 13.186 Mann, die Rote Armee 23.545 Gefangene neben hohen blutigen Verlusten,[25] aber der Feind hatte bei Stalingrad starke Reserven konzentriert und konnte dadurch seine Ausfälle immer wieder ersetzen. Auf deutscher Seite war das nicht möglich, da dem Ostheer 1942 mehr als eine Million Soldaten fehlte. Die Grabenstärke der Divisionen der 6. Armee sank auf weit unter 1.000 Mann.[26]

Die Truppen konnten über die weiten Entfernungen nicht mehr ausreichend versorgt werden, ihre Soldaten litten zunehmend unter Verpflegungs- und Munitionsmangel, Kälte und Krankheiten, und ihre Kampfkraft nahm daher laufend ab.

Trotzdem war bis Ende Oktober 1942 der größte Teil Stalingrads, etwa neun Zehntel des Stadtgebiets, in deutscher Hand, aber es fehlten nun die Kräfte, um überall bis zum Steilufer der Wolga vorzustoßen. Dort hatte die Rote Armee ein ausgedehntes Bunkersystem angelegt, wo ihre Vorräte gelagert waren und wo ihre über den Strom transportierten Reserven versammelt wurden. Die eigenen Angriffe führten nun zu keinen großen Veränderungen mehr und wurden eingestellt, als eine im November 1942 beginnende sowjetische Offensive die deutschen Kräfte im Raum Stalingrad einschloß.

Die sowjetische Gegenoffensive im Bereich der Südfront

Am 13. September 1942 beschloß das sowjetische Oberkommando, die STAWKA, die in und bei Stalingrad kämpfende deutsche 6. Armee und 4. Panzerarmee doppelseitig zu umfassen und zu vernichten (Operation Uranus). Der Angriff sollte von Nordwesten her aus einem Brückenkopf am Don beginnen, wo die Front von der rumänischen 3. Armee verteidigt wurde, der zweite Zangenarm aus der Kalmykensteppe südlich von Stalingrad die Stellungen der rumänischen 4. Armee durchbrechen und sich mit den vom Don vorstoßenden Divisionen westlich von Stalingrad vereinigen. In der Stadt selbst sollten die 6. Armee und die 4. Panzerarmee durch anhaltende Kämpfe gebunden und damit verhindert werden, daß sie gegen die sowjetischen Einschließungskräfte angesetzt werden konnten. Die rumänischen Armeen waren unzureichend bewaffnet, verfügten nur über wenige schwere Waffen und hatten keine Winterausrüstung, waren deshalb der Roten Armee nicht gewachsen.

Der Aufmarsch der sowjetischen „Südwest"-, „Don-" und „Stalingradfront" umfaßte insgesamt zehn Armeen, darunter eine Panzerarmee, mit mehr als 93 Divisionen, sowie vier Luftarmeen, während sich drei weitere Armeen, darunter zwei Gardearmeen, als Reserven der oberen Führung von Norden her im Anmarsch befanden. Den Sowjets standen damit 1.000 bis 1.500 Kampfpanzer zur Verfügung, die den deutschen Panzermodellen qualitativ weit überlegen waren.

Die Flanken der Heeresgruppen A und B waren nur durch kampfschwache Einheiten verbündeter Staaten gesichert. Obwohl der Generalstab des Heeres eine sowjetische Winteroffensive im Abschnitt der Heeresgruppe Mitte erwartete, befahl Adolf Hitler deshalb am 4. November 1942 die Verlegung der 6. Panzerdivision und von zwei Infanteriedivisionen aus Frankreich an die Südfront in Rußland. Anfang November 1942 verdichteten sich die Anzeichen für einen sowjetischen Angriff aus einem Brückenkopf am Don nordwestlich von Stalingrad und aus der Kalmykensteppe südlich der Stadt. Es stand aber nur noch das geschwächte XXXXVIII. Panzerkorps zur

Soldaten der 6. Armee kämpfen in Stalingrad gegen die 62. sowjetische Armee. Ein Schweres Maschinengewehr geht in Stellung, der Schütze rechts trägt die Lafette.

Verfügung, um einen feindlichen Durchbruch hinter der Front der 3. Rumänischen Armee aufzufangen.

Am 19. November 1942 durchbrachen zwei sowjetische Armeen mit 519 Panzern die rumänischen Stellungen vor dem Don-Brückenkopf bei Kremenskaja, drängten auch das XXXXVIII. Panzerkorps zurück und schwenkten dann in südöstlicher Richtung auf Kalatsch am Don, westlich von Stalingrad, ein. Einen Tag später begann der sowjetische Angriff mit 314 Panzern aus der Kalmykensteppe in westlicher Richtung, und am 23. November vereinigten sich die beiden Zangenarme und schlossen die 6. Armee und Teile der 4. Panzerarmee ein. Eine aussichtsreiche Abwehr dieser Großoffensive war nicht möglich, da im Großraum Stalingrad und somit weit verstreut nur noch 160 deutsche Panzer und Sturmgeschütze einsatzbereit waren. Daher betrug die sowjetische Überlegenheit an Panzern an den Angriffsschwerpunkten 15 : 1. Im so entstandenen Kessel befanden sich 20 deutsche und zwei rumänische Divisionen, dazu 20.300 russische Freiwillige, die sich zum Kampf gegen den Kommunismus zur Verfügung gestellt hatten. Insgesamt waren so rund 250.000 Soldaten eingeschlossen, die sich befehlsgemäß einkesselten.[27]

Kämpfe an den anderen Frontabschnitten

Der Schwerpunkt des militärischen Geschehens lag zwar im Sommer und Herbst 1942 im Südabschnitt der Ostfront, aber auch an anderen Frontabschnitten fanden heftige Kämpfe statt.

Am 21. März 1942 begann die Heeresgruppe Nord eine Offensive mit dem Ziel, das im Raum Demjansk eingeschlossene und auf Luftversorgung angewiesene II. Armeekorps zu entsetzen. Die Sowjets leisteten hartnäckigen Widerstand, aber nicht weniger war die angreifende Truppe durch den im April einsetzenden Wetterumschwung belastet, der das Gelände nahezu unpassierbar machte. Ein später aus dem Kessel angesetzter Ausbruch führte am 21. April zum Zusammentreffen mit den Entsatzdivisionen an der Lowat. Die deutschen Truppen bei Demjansk konnten von nun an durch einen schmalen Verbindungsschlauch versorgt werden.

Die Härte der Kämpfe am Kessel von Demjansk zeigt eine Meldung des II. Armeekorps von Ende April 1942: „Die Truppe schlug seit dem 8.1. 1.155 Feindangriffe und 776 Feindvorstöße ab. In 455 eigenen Stoßtruppunternehmen, 215 Gegenstößen und 163 Gegenangriffen wurde der Feind gestellt und zerschlagen. Die Verluste des Feindes betrugen: 30.468 gezählte Tote, über 60.000 geschätzte Tote, 3.064 Gefangene, 81 abgeschossene Flugzeuge, davon 46 durch Infanteriewaffen, 74 Panzer, 52 Geschütze, 81 Pak, 1.125 Maschinengewehre, 187 Granatwerfer … Die eigenen Verluste betrugen: 5.101 Gefallene, 2.000 Vermißte, 15.323 Verwundete, 5.866 Erfrorene, 12.922 Kranke. Gesamtverlust: 41.212 Mann.“[28]

Die Rote Armee griff auch in den folgenden Monaten im Raum Demjansk laufend an und versuchte, die schmale Versorgungsbrücke zum ehemaligen Kessel zu durchstoßen. Es gelang ihr jedoch nicht.

Zwischen Demjansk und Welikije Luki hielt sich nach Beginn der sowjetischen Winteroffensive nur ein deutscher Stützpunkt in Cholm an der Lowat, von wo aus das gesamte Flußgebiet und Hinterland beherrscht wurde. Hier verteidigten Reste von deutschen Divisionen, etwa 5.000 Mann, ein nur anderthalb Quadratkilometer großes Gebiet 105 Tage lang gegen ununterbrochene Feindangriffe und verhinderten dadurch die Einkesselung der 16. Armee. Anfang Mai 1942 wurde die Truppe entsetzt.

Ende Mai hatte die Heeresgruppe Nord den schmalen Gebietsstreifen, durch den die westlich des Wolchow kämpfende sowjetische 2. Stoßarmee Verstärkung und Nachschub erhielt, erobert und die feindlichen Truppen damit eingekesselt. Deren Ausbruchsversuch Ende Juni scheiterte, und 32.759 Rotarmisten gingen in Gefangenschaft, außerdem wurden 649 Geschütze, 171 Panzer und zahlreiches Kriegsmaterial erbeutet oder vernichtet. Noch Wochen später ergaben sich Versprengte oder starben an Hunger und Krankheiten. Die sowjetischen Truppen setzten ihre Angriffe über den Wolchow jedoch auch in den kommenden Wochen fort, konnten zwar aufgefangen und zurückgeworfen werden, fügten aber den deutschen Divisionen schwerste Verluste zu.

Südlich der Waldai-Höhen wurde seit der sowjetischen Winteroffensive ein tief in den Rücken der Heeresgruppe Mitte hineinragender Frontvorsprung von der Roten Armee gehalten, in dem sie etwa zehn Divisionen und vier Kavalleriedivisionen konzentriert hatte. Die 9. Armee schloß diese Verbände ein, spaltete sie in mehrere Kessel auf und vernichtete sie bis Ende Juli 1942 zum größten Teil. Um die drohende Niederlage zu verhindern, griffen starke sowjetische Einheiten den deutschen Einschließungsring, besonders bei Rshew an der oberen Wolga, fortgesetzt an. Diese Durchbruchsversuche wurden zwar mit hohen Verlusten für die Rote Armee abgewehrt, aber dadurch waren deutsche Divisionen im Mittelabschnitt der Ostfront gebunden, die an der Südfront zum Einsatz kommen sollten.

Das Oberkommando der Wehrmacht plante einen Angriff auf Leningrad für den September 1942. Dazu sollte die 11. Armee unter Generalfeldmarschall Erich von Manstein eingesetzt werden, die mit Sewastopol die stärkste Festung der Welt bezwungen hatte. Die sowjetische Führung wollte der Eroberung der Stadt zuvorkommen und begann am 24. August 1942 mit stärksten Kräften eine Offensive, die den 20 Kilometer tiefen und 14 Kilometer breiten Geländestreifen durchstoßen sollte, in dem die Heeresgruppe Nord die Landverbindung zwischen Leningrad und der sowjetischen Wolchowfront sperrte. Der Angriff wurde sowohl aus Leningrad als auch aus dem Bereitstellungsraum der Roten Armee südlich des Ladogasees unternommen und führte hier zu erheblichen Geländegewinnen bei Gaitolowo. Am 25. September konnten die durchgebrochenen sowjetischen Kräfte jedoch eingeschlossen und bis zum Ende des Monats vernichtet werden. Erst im Januar 1943 sollte es der Roten Armee gelingen, eine schmale Landverbindung zwischen Leningrad und dem sowjetischen Hinterland freizukämpfen.

Bilanz des Jahres 1942

Die strategische Situation Deutschlands und seiner Verbündeten hatte sich somit gegen Ende des Jahres 1942 weiter verschlechtert.

Die Angriffsziele für die Heeresgruppen A und B waren nicht erreicht worden. Der Kaukasus ist nicht durchstoßen, die wichtigsten Erdölfelder zwischen dem Schwarzen und dem Kaspischen Meer sind nicht erobert worden, Teile von Stalingrad befanden sich noch immer in sowjetischer Hand. Leningrad konnte nicht genommen und die Landverbindung zu den finnischen Truppen nicht hergestellt werden. Die Verluste des Ostheeres an Menschen und Material wogen schwer. Die Rote Armee hatte bedeutende Neuaufstellungen vornehmen können, und ihre Ausrüstung war ständig verbessert worden. Annahmen, ihre Menschenverluste in den ersten Kriegsmonaten könnten nicht ausgeglichen werden, hatten sich als unzutreffend herausgestellt. Außerdem war die bei Ausbruch des Ostfeldzugs eher geringe Kampfbereitschaft der Roten Armee

Stalins Partisanen nahmen Kollaborateure, oder wen sie dafür hielten, gefangen oder liquidierten sie sofort. „Kollaborateure" galten der Sowjetführung als noch größere Gefahr als die Wehrmacht, weshalb die Partisanen gnadenlos gegen sie vorgingen.

deutlich gestiegen. Dazu hatte nicht nur der Terror der von Stalin eingesetzten politischen Kommissare beigetragen, sondern auch eine intensive Propaganda der Kommunisten, die den Kampf gegen die Wehrmacht als „Großen Vaterländischen Krieg" und „Verteidigung der Heimaterde gegen Aggressoren" darstellte. Aber die sowjetischen Truppen erwarteten auch verstärkt einen Sieg über Deutschland, seit amerikanische Truppen in Nordafrika gelandet waren und dadurch der Wille der Westalliierten deutlicher wurde, das Dritte Reich zur Kapitulation zu zwingen. Die Zahl von Überläufern aus der Roten Armee nahm seitdem schlagartig ab, die Partisanentätigkeit im Rücken des Ostheeres dagegen stetig zu. Dadurch wuchsen nicht nur die Transportschwierigkeiten und mit ihnen die Nachschubprobleme, sondern auch die Verluste von Sicherungsverbänden, die dort in immer größerer Zahl eingesetzt werden mußten und der Front dringend benötigte Truppen entzogen.

In Nordafrika drängten britische Truppen seit Oktober 1942 das Deutsche Afrika-Korps von der ägyptischen Grenze nach Westen zurück, während in Algerien gelandete amerikanische Verbände nach Osten vorstießen und sich somit die Einschließung zahlreicher deutscher und italienischer Verbände abzeichnete. Die Angriffe der britischen Bomber auf Deutschland nahmen ständig zu und stellten die auch im Osten und in Afrika gebundene Luftwaffe vor schwere Aufgaben. Die amerikanischen Lieferungen nach Großbritannien und in die Sowjetunion steigerten sich fortwährend und konnten von den deutschen Unterseebooten nur unter zunehmenden Verlusten bekämpft werden. Den diplomatischen Bemühungen der Angloamerikaner gelang es, in wachsender Zahl bisher neutrale Staaten zur Kriegserklärung an Deutschland zu veranlassen und von ihnen Hilfstruppen sowie kriegswichtige Rohstoffe zu erhalten.

Aber es blieb auch die Bereitschaft des deutschen Volkes, alle Belastungen des Krieges zu ertragen, Opfer zu bringen, Entbehrungen hinzunehmen und die Wehrmacht in größtmöglichem Maße zu unterstützen, ungebrochen. Sie sollte das auch im nächsten Kriegsjahr tun, das die deutsche Kriegführung wieder vor schwere Aufgaben stellen würde.

Quellenhinweise

1 Wosnessenskij, S. 28
2 Crocker, S. 366
3 Stalin, S. 10
4 Stalin, S. 45
5 de Zayas, S. 309
6 *Archiv der Gegenwart* (1941), S. 5025
7 *Archiv der Gegenwart* (1941), S. 5043 f.
8 *Archiv der Gegenwart* (1941), S. 5086
9 *Archiv der Gegenwart* (1941), S. 5110
10 *Archiv der Gegenwart* (1941), S. 5141
11 *Archiv der Gegenwart* (1941), S. 5183
12 *Archiv der Gegenwart* (1941), S. 5192
13 Magenheimer, S. 157
14 Friedrich, S. 85
15 Irving, S. 284
16 Rumpf, S. 170
17 Hubatsch, S. 213 ff.
18 Janssen, S. 28
19 Janssen, S. 82
20 v. Tippelskirch, S. 240
21 v. Tippelskirch, S. 239
22 v. Tippelskirch, S. 240
23 v. Tippelskirch, S. 244
24 Hubatsch, S. 227 f.
25 Uhle-Wettler, S. 311
26 Uhle-Wettler, S. 318
27 Uhle-Wettler, S. 325 ff.
28 Haupt, S. 129

Literaturverzeichnis

Archiv der Gegenwart. Jahrgang 1941. Wien, o. J.

Carell, Paul. *Unternehmen Barbarossa: Der Marsch nach Rußland.* Stuttgart/Hamburg, 1963.

Crocker, George N. *Liebesgrüße an Moskau: F.D. Roosevelts Waffenhilfe für die Rote Armee 1941–1945.* übers. v. Dietrich Niebuhr. Kiel, 1986.

Dorst, Klaus u. Birgit Hoffmann (Hrsg.). *Kleines Lexikon Sowjetstreitkräfte.* Berlin, 1987.

Friedrich, Jörg. *Der Brand: Deutschland im Bombenkrieg 1940–1945.* München, 2002.

Haupt, Werner. *Demjansk – Ein Bollwerk im Osten.* Bad Nauheim, 1963.

Hoffmann, Joachim. *Stalins Vernichtungskrieg 1941–1945.* München, 1995.

Hoffmann, Joachim. *Die Tragödie der „Russischen Befreiungsarmee" 1944/45: Wlassow gegen Stalin.* überarb. u. erg. Neuaufl. München, 2003.

Hubatsch, Walter (Hrsg.). *Hitlers Weisungen für die Kriegführung.* München, 1965.

Irving, David. *Der Untergang Dresdens.* München, 1977.

Janssen, Gregor. *Das Ministerium Speer.* Berlin/Frankfurt a.M./Wien, 1968.

Kehrig, Manfred. *Stalingrad.* Stuttgart, 1974.

v. Manstein, Erich. *Verlorene Siege.* Bonn, 1957.

Magenheimer, Heinz. *Die Militärstrategie Deutschlands 1940–1945.* München, 1997.

Philippi, Alfred u. Ferdinand Heim. *Der Feldzug gegen die Sowjetunion 1941–1945.* Stuttgart, 1962.

Pohlmann, Hartwig. *Wolchow – 900 Tage Kampf um Leningrad.* Bad Nauheim, 1962.

Rumpf, Hans. „Luftkrieg über Deutschland." In *Bilanz des Zweiten Weltkrieges.* Oldenburg (Oldb.)/Hamburg, 1953.

Seidler, Franz W. *Avantgarde für Europa: Ausländische Freiwillige in Wehrmacht und Waffen-SS.* Selent, 2003.

Stalin, J. *Über den Großen Vaterländischen Krieg.* Berlin, 1945.

Suworow, Viktor. *Marschall Schukow: Lebensweg über Leichen.* übers. v. Bernd Reimann. Selent, 2002.

Tansill, Charles C. *Die Hintertür zum Kriege: Das Drama der internationalen Diplomatie von Versailles bis Pearl Harbour.* übers. v. Hans Steinsdorff. Selent, 2000.

v. Tippelskirch, Kurt. *Geschichte des Zweiten Weltkrieges.* Bonn, 1954.

Uhle-Wettler, Franz. *Höhe- und Wendepunkte deutscher Militärgeschichte.* Mainz, 1984.

Winkler, Walter. *Der Kampf um Sewastopol.* Berg, 1984.

Wosnessenskij, N. *Die Kriegswirtschaft der Sowjetunion während des Vaterländischen Krieges.* Berlin, 1947.

de Zayas, Alfred M. *Die Wehrmacht-Untersuchungsstelle.* München, 1979.

Vorige Seite: Pioniere gehen vorweg und prüfen, ob der Weg für die ihnen folgenden Panzer sicher ist. Zu Beginn des Jahres 1942 sieht die Wehrmacht einer ungewissen Zukunft entgegen. Die militärische Führung hofft, den Krieg im Osten schnell siegreich zu beenden, um die Verluste gering halten und ihre Verbände möglichst rasch wieder gegen Großbritannien einsetzen zu können.

Foto: BPK/Arthur Grimm

Der Vormarsch auf Moskau ist bereits Ende 1941 zum Erliegen gekommen, das strategische Ziel, die Einnahme der sowjetischen Hauptstadt, wurde nicht erreicht. – In Matrenino, nur rund 100 km vor Moskau, stehen zwei Panzerkampfwagen (PzKW) III im Wintertarnanstrich 21 (oben). Der PzKW III trägt fünf Mann Besatzung und erreicht mit seinem 12 Zylinder-Maybach-Motor Geschwindigkeiten von bis zu 32 Stundenkilometern.

Der Panzerkampfwagen III (oben und rechts) hat einen 300 l-Tank, der im Gelände eine Fahrstrecke von 90 km zuläßt. Der Panzerschutz beträgt rundum 15 mm, das ganze Fahrzeug wiegt 15,4 t. Der Panzer wird ständig weiterentwickelt und in vielen Ausführungen gebaut. In der Ausführung M etwa wurde speziell für die Bedürfnisse der Ostfront eine einseitig verbreiterte Panzerkette eingeführt; das Gewicht verteilte sich somit auf eine größere Fläche, was bei den Bodenverhältnissen in der UdSSR von Vorteil war.

Der von Krupp entworfene 210 mm-Mörser 18 wurde 1939 bei der Wehrmacht eingeführt. Er war ein zuverlässiges schweres Artilleriegeschütz mit guter Trefferleistung. Die Höchstschußweite lag bei über 16 km (unten).

Foto: BPK/Arthuer Grimm

Gemeinsames Vorgehen dreier Waffengattungen: Pioniere sorgen mit Minensuchgeräten für ein sicheres Durchkommen der Panzer, diese wiederum geben der Infanterie Schutz, die den Kampf gegen feindliche Schützen übernimmt (oben und unten).

Rechts: Eine Skipatrouille der Wehrmacht in Schneeanzügen.

Foto: Ullstein

An einem Nachrichtenstand übermitteln Luftnachrichtentruppen Befehle. Die Überlandleitungen müssen ständig kontrolliert werden, da sie oft Sabotageakten von Partisanen zum Opfer fallen (oben).

Panzerjäger im Schneetarnanzug bringen eine 37 mm-Pak 35/36 in Stellung (unten). Die von Rheinmetall entwickelte Panzerabwehrkanone war bereits im Rahmen des Legion Condor-Einsatzes im Spanischen Bürgerkrieg erprobt worden und hatte sich bewährt. Vor 1940 wurde die Pak neben anderen Waffen in großen Stückzahlen als Exportgut an die UdSSR verkauft.

Rechts: Immer wieder brechen aufgrund der Kriegshandlungen Brände aus, häufiger aber sind sie von der Roten Armee selbst gelegt: Das Prinzip der „verbrannten Erde“ soll dafür sorgen, daß dem Gegner die Infrastruktur für seinen Vormarsch zerstört wird.

Foto: Ullstein/Wolff & Tritschler

Foto: Ullstein

Vorige Doppelseite: Russische Zivilisten flüchten, um nicht zwischen die Fronten zu geraten. Sie sind keineswegs nur durch reguläre Truppen bedroht, sondern müssen auch Mordanschläge von Partisanen wegen „Kollaboration" mit den Deutschen fürchten.

Ohne die Arbeit von Pionieren ist der Vorstoß nach Osten gar nicht vorstellbar: Sie beseitigen Minen, richten Gräben und Straßen ein, führen Sprengungen durch und reparieren Brücken (oben).

Foto: Asmus Remmer

Die Spurbreiten sowjetischer und deutscher Gleise sind unterschiedlich. Um einen deutschen Zug ohne Umladen der Fracht in die Sowjetunion zu schicken, müssen zunächst Pioniere die Schienen von den Bahnschwellen lösen und sie mit kleinerem Abstand wieder befestigen (oben).

Um sein Sanitäts-Krad in Gang zu bringen, muß ein Kradfahrer den Motor seines Fahrzeugs erst mit einem Benzinfeuer anwärmen (unten).

Wehrmachtsoldaten haben sich in einer Panje-Hütte einquartiert (oben). Im Frühjahr wird es wieder wärmer, und der Schnee schmilzt. Nun beginnt aber auch erneut die Schlammperiode. – Ein provisorischer Gefechtsstand mit Funkverbindung wird errichtet (unten).

Nächste Doppelseite: Die Besatzung eines Infanteriestützpunktes an der Nordfront wird abgelöst. Der Schnee ist schon weitgehend getaut, und die Wintertarnanzüge haben bald ihre Schuldigkeit getan.

Mit dem Karabiner auf der Schulter geht es weiter nach Osten (oben). Den 98k – das „k" steht für „kurz", da der Lauf gegenüber dem von Mauser entwickelten K. 98 um 140 mm auf 600 mm Lauflänge gekürzt worden war – hatte man 1935 in der Wehrmacht eingeführt. Der Karabiner wog – je nach Fertigungsart des Schaftes – etwa vier Kilogramm.

Unterwegs treffen die Soldaten immer wieder auf reguläre und irreguläre Einheiten der Roten Armee: Hinter einem Eisenbahndamm haben Männer der Waffen-SS – deutlich erkennbar an ihrer Flecktarnuniform – Deckung genommen und pirschen sich an den Feind heran (unten).

Foto: Sammlung Fetzer

Landser stürmen aus einem Graben hervor (oben). Der Soldat im Vordergrund trägt einen M 41-Flammenwerfer; die Waffe wiegt 22 kg, als Treibmittel des Flammöls wird Wasserstoff verwendet, das sich in zwei zylindrischen Behältern befindet.

Ein Wehrmachtsoldat zielt mit einem schweren „Maxim"-Maschinengewehr (unten). Das „Maxim" ist ein sowjetisches Fabrikat, das die Wehrmacht, wenn es erbeutet wird, sehr gerne benutzt, denn es ist robust und zuverlässig. Deutsche MGs sind meist komplexer aufgebaut und mit vielen Frästeilen versehen, die aufgrund ihrer größeren Exaktheit und Präzision die Waffe anfälliger machen.

Foto: Sammlung Fetzer

Foto: Sammlung Fetzer

Links: Das von Stalin verfolgte Prinzip „verbrannte Erde" nimmt so manchem Sowjetbürger Hab und Gut. Gerade die Landbevölkerung steht vor dem Nichts, wenn ihre Hütten in Flammen aufgehen, und sie retten oft nur, was sie tragen können.

Die Wehrmacht im Häuser- und Nahkampf (oben): In solchen Situationen kommt häufig der Flammenwerfer zum Einsatz, eine Waffe, die besonders von Pionieren benutzt wird. Nach dem Gefecht geht es auf den endlosen sowjetischen Rollbahnen weiter. Die Besatzung eines Halbkettenfahrzeugs mit 2 cm-Flak rastet an einem Feld (unten).

Foto: Ullstein/Wolff & Tritschler

Foto: Asmus Remmer

Der Tod ist allgegenwärtig, und keiner der Landser weiß, wer morgen in seinem Blute liegen wird. Die Soldaten müssen lernen, mit dem Tod der Kameraden umzugehen. Sie ehrenvoll zu bestatten und ihnen ein soldatisches letztes Geleit zu geben, ist der letzte Kameradendienst, der ihnen bleibt.

Foto: Asmus Remmer

Foto: Sammlung Fetzer

Links: Fahrzeuge in teilgedeckter Stellung in einem sowjetischen Dorf. Vor dem nächsten Einsatz findet noch ein Appell statt. Die Hakenkreuzfahne dient als Fliegerkennung, damit die deutschen Piloten wissen, daß es sich um Wehrmachtsoldaten handelt.

Im Krieg sind unter den eingeschränkten hygienischen Verhältnissen Seuchen ein Problem. Um die Übertragung von Krankheiten durch Ungeziefer zu verhindern, müssen sich die Soldaten von Zeit zu Zeit entlausen lassen, ihr Gepäck wird mit Schädlingsbekämpfungsmitteln begast (oben). Diese Maßnahmen dienen der Sicherheit der Truppe ebenso wie jener der Bevölkerung.

Foto: BPK/H. Hoeffke

Vorige Doppelseite: Zwei Bewohner Poltawas. Die ukrainische Stadt war bereits 1918 im Ersten Weltkrieg von deutschen Truppen besetzt worden. Auch im Zweiten kam ihr als Verkehrsknotenpunkt und Industriezentrum große Bedeutung zu. 1942 beherbergte sie das Hauptquartier der Heeresgruppe Süd, das im Juni auch von Adolf Hitler besucht wurde.

Oben: Das deutsche Propagandaplakat mit Reichskriegsflagge trägt die ukrainische Aufschrift: „Für die Freiheit der Völker!"

Foto: BPK/H. Hoeffke

Vorige Doppelseite: Ukrainer lesen Bekanntmachungen der deutschen Besatzungsmacht, die neben einem Bildnis des deutschen Reichskanzlers angeschlagen sind.

Bei den Kämpfen um Poltawa sind viele Gebäude zu Schaden

gekommen. Ein Sowjetmonument ist unbeschädigt geblieben (oben). Es zeigt einen einfachen Rotarmisten in der Uniform, wie sie während des Russischen Bürgerkrieges eingeführt und bis in die zwanziger Jahre hinein getragen wurde.

Foto: BPK/H. Hoeffke

Vorige Doppelseite: Für die deutschen Soldaten beider christlicher Konfessionen werden sonntägliche Gottesdienste angeboten. Hierfür dient ein öffentliches Gebäude, die orthodoxen Kirchen werden respektiert und nicht angetastet.

Das bolschewistische Regime hatte von 1917 bis 1927 die russisch-orthodoxe Kirche scharf bekämpft, ihr dann jedoch ein Minimum an Freiheit unter der Auflage gegeben, keinerlei Aktivitäten mit Ausnahme religiöser Kulthandlungen zu

entfalten. – Poltawa besitzt höhere Bildungsanstalten, eine Wissenschaftliche Zentralbibliothek, eine landwirtschaftliche Versuchsstation und zwei Staatstheater.

Die Bewohner Poltawas schaffen Ordnung (oben) in ihrer vom Kriege gezeichneten Stadt. Wie in Rußland sind es auch in der Ukraine häufig Frauen, die körperlich schwere Aufräum- und Bauarbeiten verrichten, zumal die Männer im Kriege sind.

Stadt-Str. 5

Foto: BPK/H. Hoeffke

Vorige Doppelseite: Nicht nur die langen Rollbahnen, sondern auch viele Stadtstraßen sind ungepflastert und verwandeln sich nach Regenfällen in Schlammpisten. Die zahlreichen mit grobem Geländeprofil ausgerüsteten Militärfahrzeuge tun ein übriges, die Straßen vollends aufzuwühlen.

Luftwaffensoldaten laden eine schwere Flak (oben), vermutlich vom Kaliber 12,8 cm. Die gelbe Farbe des Geschosses deutet auf ein Sprenggeschoß, die silberne Spitze ist der mechanische Zeitzünder.

Ein Tankwagen der Luftwaffe wird mit Treibstoff aus einem sowjetischen Benzintransport gefüllt (unten).

Rechts: Eine grausame, aber höchst effiziente Waffe ist der Flammenwerfer, hier ein M 41, im Einsatz gegen feindliche Bunkerstellungen.

Eine Bombe wird mit vereinter Kraft eingehängt (oben), bei der Maschine handelt es sich um eine He 111.

Auf einem Flugplatz in der Sowjetunion: Ein Großeinsatz mit FW 200-Bombern steht an (unten). Dieser viermotorige Langstreckenbomber war der schwerste deutsche Bomber im Kriegseinsatz.

Rechts: Oberfeldwebel Franz Placzek ist bereit zum Feindflug. Er trägt eine Frontflugspange. Sie wurde in Bronze für 20, in Silber für 60 und in Gold für 110 Frontflüge verliehen. 1943 sollte Placzek zudem mit dem Ritterkreuz beliehen werden.

Pi-Park-Staffel
Kiew
Fla
603
Parkverbot in den
Hauptstrassen
Rollbahn Nord

Foto: BPK/H. Hoeffke

Vorige Doppelseite: Wegweiser im von deutschen Truppen besetzten Shitomir, westlich der ukrainischen Hauptstadt Kiew.

Landschaftsprägend für den Osten sind die traditionellen Dorfbrunnen. Am einen Ende des Kipparms ist der Wassereimer mit einem Seil befestigt, das andere Ende dient als Gegengewicht, um den gefüllten Eimer leicht nach oben holen zu können (oben und unten).

Foto: Asmus Remmer

Viele deutsche Soldaten schwärmten ihr Leben lang von den Impressionen des Ostens, hier z.B. ein schöner großer Regenbogen, der sich über die weite Landschaft und den russischen Panje-Wagen spannt (oben).

Pferdefuhrwerke sind ein Haupttransportmittel im Ostfeldzug. Weite Strecken werden dagegen nach Möglichkeit mit der Bahn überbrückt, auch Großwaffen wie Panzer werden, soweit es machbar ist, auf der Schiene transportiert (unten).

Foto: Asmus Remmer

Foto: Ullstein

Vorige Doppelseite: Frauen schöpfen Wasser aus einem Brunnen bei Taganrog. Die Stadt am Asowschen Meer hat einen Kriegshafen, der strategisch wichtig ist. Taganrog fiel bereits am 17. Oktober 1941 in deutsche Hand.

Foto: BPK/Wolff & Tritschler

Ein Pope der russisch-orthodoxen Kirche führt eine Begräbniszeremonie durch. Bis 1941 hatte das atheistische Regime der Kirche strenge Auflagen gemacht, so war es etwa nach dem Tode des Patriarchen Tichon (1925) der Kirche verboten, einen Nachfolger zu wählen. Dies wurde erst 1943 wieder möglich.

Sturzkampfflieger (Stuka) der Luftwaffe werden vor allem zur Bekämpfung punktgenauer strategischer Ziele eingesetzt, etwa zur Bombardierung eines Kriegshafens (oben links). Unterstützt werden die Flieger von der Artillerie (oben rechts).

Eine leichte Feldhaubitze 18 vom Kaliber 10,5 cm ohne Mündungsbremse schießt Sperrfeuer (unten).

Rechts: Ein Infanterist in Feuerstellung zielt mit einem Maschinengewehr 34 mit angestecktem Magazin. Diese Waffe konnte Einzel- oder Dauerfeuer schießen, die Schußfolge lag bei 900 Schuß pro Minute. Aufgrund der zahlreichen, sehr exakt gearbeiteten Frästeile war die Waffe im Einsatz recht empfindlich, dennoch trug das MG 34 bis 1943 die Hauptlast an allen Fronten.

Foto: Ullstein

Feldpost wird von allen Landsern heiß erwartet, denn sie ist die Verbindung zu Familie und Heimat und in gewissem Sinne somit auch zur Normalität des zivilen Lebens (oben links).

Die Inschrift auf der Trikolore der französischen Freiwilligen lautet „Ehre und Treue", in der Hand hält der Soldat ein Porträt von Philippe Pétain (oben rechts), der im Juli 1940 französischer Staatschef wurde. Marschall Pétain schlug einen antibolschewistischen Kurs ein und stand für eine Zusammenarbeit mit dem Deutschen Reich, um ein starkes, einiges Europa zu schaffen. Ein solches „neues Europa" steht auch den französischen (unten links) und anderen Freiwilligen vor Augen, die im Rußlandfeldzug gemeinsam mit Deutschland gegen den Bolschewismus kämpfen, hier Angehörige der spanischen Freiwilligendivision (unten rechts).

Rechts: Ein slowakischer Kampfflieger kehrt vom Einsatz zurück und berichtet stolz von drei Feindabschüssen.

Vorige Doppelseite: Ein Blick aus der Kanzel eines Flugzeugs vom Typ He 111 im hohen Norden, das deutsche und finnische Verbände unterstützt.

Ein Luftwaffensoldat löst sich zum Andenken ein Wrackteil aus einer abgeschossenen sowjetischen Jagdmaschine heraus (oben). Das Ausstellen von Kriegstrophäen – meist Feldzeichen – ist ein alter militärischer Brauch.

Rechts: Ein Bersaglieri mit der traditionellen Mütze der italienischen Elitetruppe unterhält sich mit den deutschen Kameraden der Waffen-SS.

Die Hakenkreuzfahne dient im Zweiten Weltkrieg dazu, sich den eigenen Fliegern zu erkennen zu geben. Sie wird zur Kennzeichnung auf einem Panzer bzw. einem anderen Fahrzeug einer Wehrmachtskolonne ausgelegt oder gut sichtbar ausgebreitet (oben).

Angehörige der Luftwaffe arbeiten den Kurs für einen Einsatz aus; umfangreiche Berechnungen und Planungen sind notwendig (unten).

Rechts: In den eroberten Gebieten der Sowjetunion bleiben häufig Wracks als stumme Zeugen von Niederlage und Sieg, von Schmerz, Leid und Tod zurück. Das Entfernen etwa dieses mittleren sowjetischen Panzers aus den dreißiger Jahren aus einem Sonnenblumenfeld muß noch warten.

Artilleristen halten in der Feuerpause Mahlzeit vor ihrem Ferngeschütz (oben). Auch der Infanterist (rechts) läßt es sich schmecken. Die Verpflegung der deutschen Truppen litt darunter, daß sich in der völlig verarmten Sowjetunion nicht genügend Lebensmittel requirieren ließen und daher über Tausende von Kilometern aus Deutschland herangeschafft werden mußten.

Carl Gustav Freiherr von Mannerheim führte 1939/40 als Oberbefehlshaber die finnischen Streitkräfte im finnisch-russischen Winterkrieg und brachte den Sowjettruppen zahlreiche Niederlagen bei. 1941 übernahm er den Oberbefehl erneut und kämpfte bis 1944 gegen die Rote Armee.

Rechts: Alfred Jodl war seit 1938 Chef des Wehrmachtführungsstabes, 1939 wurde er zum Generalmajor befördert und 1940 zum General der Artillerie. Jodl wird am 30. Januar 1944 Generaloberst und steht Hitler als wichtigster operativer Mitarbeiter im gesamten Zweiten Weltkrieg zur Seite.

Foto: BPK

Foto: Walter Frentz

Vorige Doppelseite: Gespräch zwischen Generalmajor Adolf Heusinger (links) und dem Oberbefehlshaber der Wehrmacht, Adolf Hitler, am 1. Juni 1942 im Hauptquartier der Heeresgruppe Süd in Poltawa. Hinter Heusinger steht General der Panzertruppen Friedrich Paulus, der später im selben Jahr die 6. Armee in Stalingrad führen wird, und General der Infanterie Georg von Sodenstern.

Oben: Eisenbahngeschütze – hier vermutlich eine 20 cm-Kanone – sind extrem großkalibrige Geschütze, die auf Schienen transportiert und abgefeuert werden.

Mit Hilfe einer Tragevorrichtung heben vier Soldaten die Granate für ein Schweres Feldgeschütz über die Lafette hinweg (unten links). Die Mannschaft muß gut eingespielt sein, damit dies reibungslos funktioniert; das gilt umso mehr für Nachteinsätze (unten rechts).

Panzer IV ziehen eine staubige Spur in den Weiten der Donsteppe (oben). Im Sommer sind die unbefestigten Rollbahnen, die sich im Frühjahr und Herbst in reine Schlammstrecken verwandeln, gut nutzbar.

Städte und Dörfer sind immer eine große Gefahrenquelle, da sie vielfältige Deckungsmöglichkeiten für den Häuserkampf bieten. Eine 3,7 cm-Panzerabwehrkanone sichert an einer Straßenkreuzung (unten links).

Auszeichnungen werden im Felde mit einer kleinen Zeremonie überreicht. Der Bataillonskommandeur gratuliert vor der ganzen angetretenen Kompanie einem Feldwebel der Infanterie mit einer Schützenschnur der 6. Stufe zur Beleihung mit dem Eisernen Kreuz Zweiter Klasse (unten rechts).

Foto: Ullstein

Grenadiere marschieren durch Rußland (oben). Die Infanterie trägt nicht nur im Ostfeldzug, sondern im gesamten Zweiten Weltkrieg die Hauptlast der Kämpfe an allen Fronten.

Eine Pontonfähre setzt Panzerjäger mit einer Zugmaschine für Pak über einen russischen Fluß (unten).

Rechts: Ein Major der Infanteriedivision „Großdeutschland" in einem Wagen mit Stabsflagge der Division in Woronesh im Dongebiet. Hinter dem Soldaten steht ein sowjetisches Tokarev-Gewehr vom Kaliber 7,62 mm.

Foto: BPK/Hanns Hubmann

Von der Infanterie werden Flüsse häufig mit Schlauchbooten überwunden (oben). Wenn schweres Gerät oder größere Einheiten übergesetzt werden müssen, errichten die Pioniere Brücken. – Der soeben fertiggestellte Unterstand bietet vielfältigen Schutz, nicht zuletzt gegen feindliche Flugzeuge (unten). Der Infanterist rechts trägt ein Infanteriesturmabzeichen in Silber und ein Verwundenabzeichen in Schwarz.

Rechts: Angehörige der Infanterie hinter der Front. Sie tragen weder Helme noch Koppel, denn Feindeinwirkung ist nicht zu befürchten.

Vorige Doppelseite: Eine mit Ästen getarnte Panzerabwehrkanone auf einer Marder II-Selbstfahrlafette im Dongebiet. Das Maschinengewehr auf dem Dreibein steht zur Fliegerabwehr bereit.

Der Propaganda-Kompanie-Fotograf Hanns Hubmann (rechts im Bild), von dem auch zahlreiche Fotos in diesem Band stammen, und ein Stabsarzt der Infanteriedivision „Großdeutschland" im Dongebiet.

Im Rahmen der Truppenbetreuung der deutschen Wehrmacht erhalten rückwärtige Frontgebiete Besuch von Theaterensembles (oben). Viele bekannte Schauspieler melden sich freiwillig zu solchen Einsätzen. Neben den Soldaten nimmt auch die einheimische Bevölkerung gerne an den Aufführungen als Zuschauer teil.

Wer es ganz eilig hat – meist ist eine unerwartete Schwangerschaft der Braut der Grund –, kann sich im Rahmen einer Fern- oder Feldtrauung (unten) verheiraten, selbstverständlich und bedauerlicherweise in Abwesenheit der Braut.

Rechts: Ambulante Zahnärzte reisen mit ihrer Ausrüstung hinter der Front und behandeln die Soldaten im Felde.

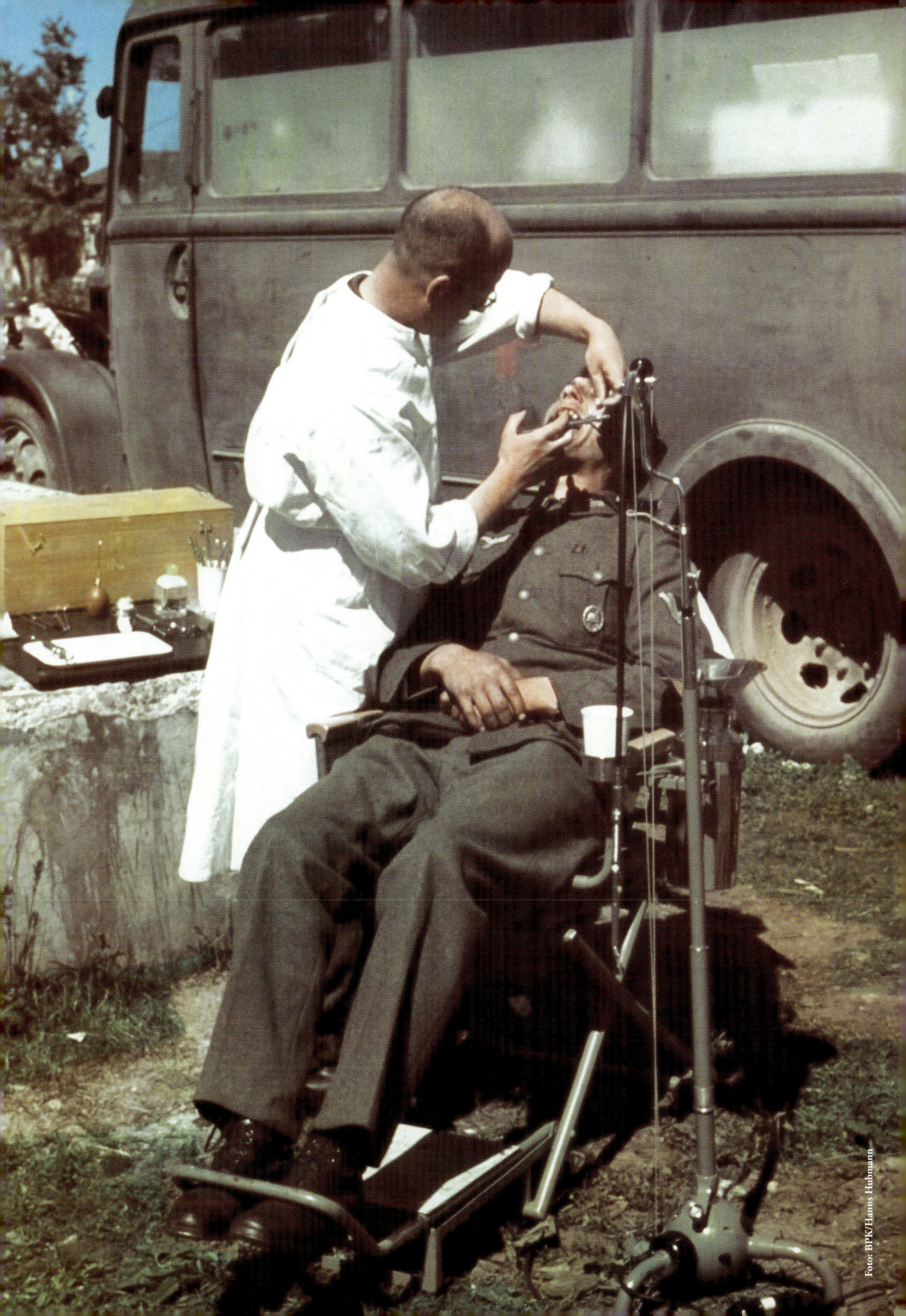

Foto: BPK/Hanns Hubmann

Der Marsch geht weiter nach Osten: Ein Infanterie-Nachrichtenzug (vorige Doppelseite) rückt vor, Fuhrwerke – hier Panje-Wagen (oben) – rollen, der Troß einer Grenadier-Kompanie zieht in Richtung Kaukasus (unten). Strategisches Ziel des Jahres 1942 sind die Ölfelder im Süden Rußlands.

wil LKOMME
Гастроном
Einbahn

Foto: BPK/H. Hoeffke

Vorige Doppelseite und oben: Die Hauptstadt der Ukrainischen Sozialistischen Sowjetrepublik, Charkow, hatte bei Kriegsbeginn rund 400.000 Einwohner. Das rapide Anwachsen der Stadtbevölkerung im 19. Jahrhundert ist auf ihre Rolle als Verkehrsknotenpunkt zurückzuführen, die Charkow auch für die Wehrmacht interessant macht: Bahnen und Straßen kreuzen hier, die das zentralrussische Industriegebiet mit dem Schwarzen Meer und das Donezrevier mit Westruß-

land sowie den baltischen Häfen verbinden, zudem liegt Charkow an der Fluglinie Moskau – Baku – Teheran. Die Hauptstadt wird erstmals am 24. Oktober 1941 von deutschen Truppen eingenommen, vom 17. bis zum 28. Mai 1942 tobt um die Stadt erneut eine Schlacht, doch die Rote Armee kann zurückgeschlagen werden.

Parken
verboten!
Poltawa
Ljubotin

Foto: BPK/H. Hoeffke

In den Straßen Charkows (vorige Doppelseite) und auf einem Platz im Bereich der Innenstadt (oben) verläuft das Leben der Bewohner ohne besondere Aufregung. Viele Geschäfte tragen kyrillische ebenso wie lateinische Beschriftung. Neben der ukrainischen und großrussischen Bevölkerung leben auch eine deutsche und eine jüdische Minderheit in

Foto: BPK/H. Hoeffke

Charkow, es gibt mehrere Zeitungen, darunter eine deutsche. Durch die deutsche Besatzung erfährt das deutsche Element im Straßenbild natürlich besondere Betonung.

а крамниця
Фотографія
„Рембранд“
Photo-Atelier „Rembrandt“
Das Photo-Ate
Технично
чертежне
бюро
Перша

Foto: BPK/H. Hoeffke

Vorige Doppelseite: In der Auslage eines Fotoateliers wirbt das Porträt eines Luftwaffenoffiziers um deutsche soldatische Kundschaft.

Das Stadtbild ist bestimmt von Wehrmachtsangehörigen, die auf den Straßen unterwegs sind und einkaufen, z.B. Souvenirs für den sehnlich erwarteten Fronturlaub zuhause (oben). Die westliche Aus-

Foto: BPK/H. Hoeffke

richtung der ukrainischen Stadt wird in der Benennung vieler Geschäfte deutlich.

Nächste Doppelseite: Angehörige der ungarischen Armee, Verbündete der deutschen Wehrmacht, blicken ins Schaufenster eines Juweliers.

Foto: BPK/H. Hoeffke

Foto: BPK/H. Hoeffke

Ein deutsches Propagandaplakat preist den deutschen Reichskanzler in ukrainischer Sprache als „Befreier Hitler" an (oben). Nicht nur Einrichtungen mit militärischem Bezug sind deutsch beschriftet. Die Kaufleute, Handwerker und Gastronomen von Charkow haben sich der kaufkräftigen militärischen Klientel angenommen und bieten ihre Dienstleistungen ebenfalls auf Deutsch an (rechts).

Nächste Doppelseite: Krankenwagen des Heeres – zu erkennen an dem Kürzel WH auf dem Nummernschild – vor dem Charkower Hospital. Im Schatten der Kastanienbäume flaniert die Stadtbevölkerung durch die Mittagshitze.

Foto: BPK/H. Hoeffke

Foto: BPK/H. Hoeffke

Foto: BPK/H. Hoeffke

Deutsches Propagandafoto: Auf einer Karte verfolgen Bewohner von Charkow die Kriegsentwicklung. Die schraffierten Gebiete sind in deutscher Hand, die hellen Pfeile markieren die laufenden Offensiven. Die meisten Ukrainer stehen der deutschen Wehrmacht positiv gegenüber, denn sie empfinden die Ablösung von Stalins Regime als Befreiung. Diese positive Haltung sollte aber nicht von dauerhaftem Bestand sein.

Rechts: Deutscher Landser mit Tarnnetz am Helm und MG-Gurt.

Der Vormarsch im Kaukasus geht weiter. Einem PK-Berichterstatter ist es gelungen, einen feindlichen Angriff auf einen deutschen Panzer und fünf Grenadiere festzuhalten: Auf dem ersten Bild schlägt unmittelbar vor dem Panzer eine Granate ein, der Kopf des Panzerkommandanten schaut noch ein Stück aus der Turmluke heraus. Auf den beiden anderen Bildern haben drei der Grenadiere hinter dem Panzer Deckung genommen, die anderen haben sich geistesgegenwärtig fallengelassen, um den Granatsplittern zu entgehen. Niemand wurde getroffen. Sobald die unmittelbare Gefahr vorüber ist, schwärmen die Soldaten in den Pflanzen aus, um näher an den Schützen heranzukommen (rechts).

Kosaken aus dem Kaukasus gehören zu den treuesten Verbündeten der Wehrmacht gegen die Rote Armee. Stolz läßt sich der Kosak mit seiner Frau von einem Fotografen ablichten, deutlich ist auf seiner Tscherkeßka, dem langen gegürteten Überrock mit Patronenstecktaschen auf der Brust, das deutsche Hoheitszeichen zu erkennen und am rechten Oberarm das Gebirgsjägerabzeichen (oben links). Viele Kosaken (oben rechts und unten) heißen die Wehrmacht freudig willkommen, die sie als Befreier vom stalinistischen Joch empfinden.

Rechts: Ein Kosak, der sich den Deutschen im Kampf gegen den Bolschewismus angeschlossen hat, läßt sich – die Waffe in der Hand – in seiner schwarzen Burka, einem halbkreisförmigen zottigen Mantel aus Lodenstoff, fotografieren.

Foto: Sammlung Fetzer

Links: Ein Oberfeldwebel, der – obwohl noch jung – schon viel durchgemacht hat, wie seine Auszeichnungen bezeugen. Der Legion Condor-Freiwillige hat im Spanischen Bürgerkrieg als Angehöriger der Panzertruppe „Drohne" gekämpft und wurde hierfür mit dem Spanienkreuz, der Medalla de la Campaña und dem Cruz del Mérito Militar con distintivo rojo ausgezeichnet. Im Zweiten Weltkrieg erhielt er bereits das Eiserne Kreuz Erster Klasse, das Panzerkampfabzeichen in Silber und das Verwundetenabzeichen in Silber. Jetzt, im Rußlandfeldzug, ist der junge Soldat mit seinem Panzer (oben links) wieder dabei.

Kradmelder sind auf ihren Motorrädern schnell und flexibel (oben rechts) und unterstützen die Truppe; doch den Bergen des Kaukasus sind selbst ihre wendigen Maschinen nicht immer gewachsen. Die Gebirgsjäger greifen deshalb häufig auf Maultiere zurück (unten), wenngleich die Gebirgsdivision durchaus motorisiert ist.

Wenn kein sperriges Gerät zu transportieren ist, müssen die Gebirgsjäger ihre Ausrüstung mit eigener Muskelkraft ins Gebirge bringen (oben). – Die kaukasische Landbevölkerung (unten) steht den deutschen Soldaten freundlich gegenüber. Bis zur Oktoberrevolution hatten die Kosaken Kavallerieformationen in der zaristischen Armee gebildet, dem Bolschewismus jedoch standen sie von der ersten Stunde an ablehnend gegenüber, so daß Stalins Rote Armee keine Kosaken mehr umfaßte.

Foto: Sammlung Fetzer

Eine Gebirgsdivision unterscheidet sich von anderen Divisionen der deutschen Wehrmacht dadurch, daß sie für den besonderen Einsatz im Bergland ausgebildet und ausgerüstet ist. Gebirgsgeschütze und -artilleriewaffen sind zerlegbar, um auch im unwegsamsten Gelände leicht transportiert werden zu können; die Waffen haben eine eher geringe Reichweite, da die meisten Gebirgsoperationen auf kürzere Distanz stattfinden.

Foto: Sammlung Fetzer

Der Bedarf an Gebirgsjägern wurde vom Oberkommando des Heeres anfangs überschätzt. Zwar operieren die Gebirgsdivisionen erfolgreich, doch zeigen Experimente 1942, daß auch normale Infanterie erfolgreich im Bergland operiert, wenn sie durch Gebirgseinheiten verstärkt wird (oben und unten).

Der Materialtransport zu den von Gebirgsjägern gehaltenen Gipfeln gestaltet sich schwierig und ist für Mensch und Tier mühevoll (oben).

Zwei Soldaten rasten in 3.548 Metern Höhe auf dem Chobu-Tau-Paß, den sie für Gebirgsjäger-Materiallieferungen überqueren müssen (unten).

Die Kämpfe des Jahres 1942 schlagen der Roten Armee tiefe Wunden. Eine durch einen Rohrkrepierer unbrauchbar gewordene sowjetische Flak an der Ostfront (oben links), ein abgeschossener Sowjetpanzer vom Typ T 34 wird von einem Wehrmachtsoldaten untersucht (oben rechts), ein deutscher Infanterist stürmt vor (unten links). Der Batteriechef einer Sturmgeschützabteilung der Division „Großdeutschland", Hauptmann Peter Frantz, mit Kopfhörer und Kehlkopfmikrophon (unten rechts). Frantz erhielt am 4. Juni 1942 das Ritterkreuz. Im folgenden Jahr wurde er zusätzlich mit dem Eichenlaub beliehen.

Rechts: Ein deutscher Panzer rollt durch ein kaukasisches Feld. Die Panzerabwehrkanone im Vordergrund wurde von ihm bereits außer Gefecht gesetzt, die sowjetische Besatzung ist ausgeschaltet.

633

Foto: Asmus Remmer

Der Tod ist im Kriege allgegenwärtig. Die Gefallenen werden, wenn es die Frontsituation zuläßt, geborgen und begraben, möglichst auf Sammelfriedhöfen (oben), doch häufig müssen die Kameraden improvisieren und Grabstätten mitten im Nirgendwo schaffen wie diese Gräber von Waffen-SS-Soldaten (rechts).

Ein Panje-Wagen bei der Flußüberquerung (oben). Diese Wagen wurden nicht nur in der Sowjetunion hergestellt, sondern auch in Deutschland für den Einsatz in Rußland gebaut. – Mit dem beginnenden Herbst wird es wieder kälter, und die halbjährliche Schlammperiode bricht erneut an. Auf den nun wieder fast unpassierbaren Rollbahnen kommt man mit Pferdefuhrwerken häufig besser vorwärts als mit Motorfahrzeugen (unten).

Rechts: Ein VW-Kübelwagen steckt im Schlamm. Trotzdem hat sich dieses unverwüstliche Fahrzeug auch unter den widrigsten Witterungsverhältnissen bewährt.

Foto: Ullstein

Eine He 111 des Jagdgeschwaders 100 „Wiking" – eigentlich ein Kampfflugzeug – auf dem Versorgungsflug nach Stalingrad im November 1942. – Im Sommer 1942 war die ehemals Zarizyn genannte und von Stalin auf seinen eigenen Namen umgetaufte Industriestadt am unteren Wolgaknie das Angriffsziel der deutschen 6. Armee gewesen. Am 13. September beginnt der deutsche Angriff auf den Stadtkern, den Rote Armee und Milizeinheiten immer noch halten. Ein so-

wjetischer Gegenangriff schlägt am 19. November los und führt dazu, daß die 6. Armee ab dem 23. November 1942 in Stalingrad eingeschlossen ist. Generaloberst Friedrich Paulus entscheidet sich gegen einen Ausbruchversuch aus dem Kessel. Der Versuch der Heeresgruppe Hoth, Stalingrad zu entsetzen, schlägt im Dezember nur knapp fehl. Derweil versucht die deutsche Luftwaffe, die eingeschlossenen Stalingradkämpfer aus der Luft zu versorgen, was jedoch mißlingt.

Verwundete werden ins Verwundetennest, eine geschützte Stelle in der Kampflinie, gebracht, von dort auf den Truppenverbandsplatz, dann über den Wagenhalteplatz (oben) zum Hauptverbandsplatz. In einem Genesungsheim in der Heimat werden die Verletzungen auskuriert (rechts). Allerdings können jene Soldaten glücklich sein, die nur Narben zurückbehalten. Das nach 1945 allgegenwärtige Bild der Kriegsversehrten spricht deutlicher von der Unmenschlichkeit des Krieges.

Vorige Doppelseite: Ein Kriegsberichter hat den Marsch einer Nachschubkolonne zur vordersten Linie bei eben untergehender Sonne im Foto festgehalten. Aber die vordergründige Romantik trügt, bittere Kälte setzt Mensch und Tier erbarmungslos zu.

Das Jahr 1942 geht zu Ende, nicht jedoch der Rußlandfeldzug. Die Hoffnung der deutschen Führung, den Krieg rasch siegreich beenden zu können, ist zerschlagen. Stattdessen formieren sich Deutschlands Feinde neu, Amerikas Unterstützung für Stalin beginnt sich massiv bemerkbar zu machen. Die Zukunft für die Soldaten der deutschen Wehrmacht ist unheilschwanger.

Deutscher Angriff auf Stalingrad
Lage vom 28. Juni bis 23. Juli
2. Armee
Kursk
4. Pz. Armee
28. Juni
Woronesh
Objan
Kremenskaja
Bjelgorod
1. Juli
Charkow
Kalatsch
Rossosch
6. Armee
Isjum
Starobelsk
Don
Milterowo
23. Juli
Wolga
1. Pz. Armee
9. Juli
Woroschilowgrad
STALINGRAD
10. Aug.
Stalino
17. Armee
Donez
Krassno-Armejsk
9. Juli
Schachty
21. Juli
Melitopol
Taganrog
Rostow
Asowsches
23. Juli
Kotelnikowo
Bataisk
Meer
Manytsch
Salsk
Elista
Krasnodar
Kuban
Armawir
Noworossijsk
Maikop
Tuapse
Kuma
Kaspisches Meer
Pjatigorsk
Sotschi
Schwarzes
Meer
Mosdok
Ischerskaja
Naltschik
Terek
Suchumi
Grosny